Pistoia

Uma cultura da primeira infância

CB041222

Dados Internacionais de Catalogação na Publicação (CIP)
(Câmara Brasileira do Livro, SP, Brasil)

Pistoia : uma cultura da primeira infância / Anna Galardini... [et al.] ;
tradução Gisela Wajskop. – 1. ed. – São Paulo : Cortez, 2024.

Outros autores: Donatella Giovannini, Sonia Iozzelli, Antonia
Mastio, Maria Laura Contini, Sylvie Rayna
Título original: Pistoia, une culture de la petite enfance
Bibliografia.
ISBN 978-65-5555-490-8

1. Educação infantil - Pistoia (Itália) 2. Família e escola 3. Prática
de ensino 4. Professores - Formação I. Galardini, Anna. II. Giovannini,
Donatella. III. Iozzelli, Sonia. IV. Mastio, Antonia. V. Contini, Maria
Laura. V. Rayna, Sylvie.

24-227333   CDD-372.210945

Índice para catálogo sistemático:

1. Pistoia : Itália : Educação infantil 372.210945

Cibele Maria Dias - Bibliotecária - CRB-8/9427

Anna Lia Galardini | Donatella Giovannini | Sonia Iozzelli
Antonia Mastio | Maria Laura Contini | Sylvie Rayna

Pistoia
Uma cultura da primeira infância

Tradução
Gisela Wajskop

São Paulo – SP

2024

PISTOIA: UMA CULTURA DA PRIMEIRA INFÂNCIA
Anna Lia Galardini | Donatella Giovannini | Sonia Iozzelli
Antonia Mastio | Maria Laura Contini | Sylvie Rayna

Título original: Pistoia, une culture de la petite enfance (Toulouse: érès, 2020)

Direção Editorial: Miriam Cortez
Coordenação editorial: Danilo A. Q. Morales
Assistente editorial: Gabriela Orlando Zeppone
Tradução e revisão técnica: Gisela Wajskop
Preparação de originais: Agnaldo Alves
Revisão: Tatiana Y. Tanaka Dohe
        Ana Paula Luccisano
Diagramação: Linea Editora
Capa: Desígnios Editoriais/Maurelio Barbosa

Direitos para esta edição
CORTEZ EDITORA
R. Monte Alegre, 1074 – Perdizes
05014-001 – São Paulo-SP
Tel.: +55 11 3864 0111
editorial@cortezeditora.com.br
www.cortezeditora.com.br

Impresso no Brasil – outubro de 2024

Agradecimentos à edição brasileira

Nossos mais sinceros agradecimentos à cidade de Pistoia e, em particular, ao Departamento Municipal de Educação e Formação, na pessoa de Francesca De Santis, que continua investindo na promissora aventura da cultura da primeira infância, descrita neste livro.

Agradecemos à equipe administrativa da cidade, em especial a Chiara Di Bello e a Martina Meloni, que organizaram trocas e intercâmbios com pesquisadores e docentes de vários países, permitindo a divulgação deste trabalho intenso e importante.

Agradecimentos à atual equipe de coordenadores educacionais e, em especial, a Federica Taddei, que levou a voz de Pistoia ao Colóquio Internacional sobre Educação e Cuidados na Primeira Infância — Berço da Coesão Social[1], em 2018 em Paris.

Um agradecimento especial ao Prof. Dr. Eric Plaisance, que, no âmbito de sua disciplina na UFRJ — Unirio, abriu a possibilidade de divulgação sobre a Educação Infantil de Pistoia entre alunos de graduação no Brasil.

Agradecimentos a Deborak Capellini e Gabri Magrini, que, em sua função de apoiar a coordenação educacional, utilizam sua experiência como professoras em ambientes de primeira infância para apoiar seus colegas e suas práticas educacionais.

Agradecimento especial à Cortez Editora, na pessoa de Miriam Cortez, que acreditou no projeto do livro e criou condições para sua publicação.

---

1. Colloque International Education et Protection de La Petite Enfance — Berceau de La Cohésion Sociale, no âmbito das ações da Unesco, em Paris, 2018.

Por fim, um enorme agradecimento a todos os envolvidos, professores, funcionários, famílias, crianças e parceiros, que fizeram e estão fazendo de Pistoia a cidade educadora na qual se transformou em prol das crianças e de sua própria cultura!

Sumário

Prefácio

Gisela Wajskop

Há muito se escreve e se fala sobre a experiência das creches e das escolas maternais italianas, sobretudo no Norte e na região da Reggio Emilia.

Meu primeiro contato com essa realidade internacional de atendimento à infância, tanto inovadora quanto revolucionária, e com as inspirações práticas de seu fundador, Lóris Malaguzzi, deu-se por ocasião de um curso que frequentei, a convite de Maria Machado Malta Campos[1], sobre Formação de Profissionais e Currículo para Creches e Pré-Escolas, organizado pela Equipe de Pesquisas sobre Creches da Fundação Carlos Chagas, em 1992 e 1993[2]. O curso foi ministrado por pesquisadores de diversos países capitalistas do Hemisfério Norte que discutiram e descreveram as experiências de educação e cuidados infantis em suas respectivas realidades.

Dentre os docentes estava Patrizia Orsola Ghedini (Rosemberg; Campos, 1994), que, desde 1974, dirigia o Departamento de Atendimento à Infância da região da Emilia-Romagna, Itália e, desde 1986, representava a Itália na rede da Comunidade Europeia para Atenção à Infância e outras Medidas para Reconciliar as Responsabilidades de Trabalho e Família. Seu trabalho,

---

1. Agradeço, carinhosamente, à Prof.ª Drª Maria Machado Malta Campos, pela minha introdução e formação na área da pesquisa e da investigação científica sobre Educação Infantil.

2. Artigos resultaram da realização deste curso e foram publicados por esta editora. Ver nas Referências Rosemberg; Campos, 1994.

tão apaixonante quanto apaixonado, introduziu-nos a uma rede de Educação Infantil pública mais integrada que a nossa, à época. Assistência social e educação à infância, já naqueles anos no norte e centro da Itália, apoiavam-se nos Direitos das Crianças e se transformavam, na experiência educativa cotidiana, em possibilidade de escuta ativa das crianças, de suas famílias e dos funcionários no âmbito de políticas integradoras e protagonistas.

Foi por essa ocasião, também, que conheci e acompanhei o trabalho de Sylvie Rayna, autora deste livro, no Cresas[3], durante minha estada em Paris, na França, como parte dos estudos para a realização de meu trabalho de doutorado[4]. Acompanhei-a, semanalmente, nas discussões sobre aprendizagens entre bebês e crianças pequenas com suas equipes de trabalho, observei-a e aprendi a usar o vídeo como objeto de pesquisa e tematização das práticas educativas, ampliando meus conhecimentos sobre as redes públicas de Educação Infantil na França, de modo a trazer suas contribuições para nossas reflexões brasileiras.

Durante esse período, Sylvie acolheu-me não apenas intelectualmente, como também me apresentou à cidade, ampliando minha capacidade de circular e ocupar suas ruas e visitar suas instituições de atendimento à infância com olhares diversificados.

Após esse período, o encerramento das atividades do Cresas em Paris e a vida nos distanciaram, mas em 2018 nos reencontramos novamente em Paris, na ocasião de um Colóquio da Unesco, quando houve uma apresentação do trabalho de Pistoia que vem se fortalecendo, invisível há quase 40 anos, 30 dos quais Sylvie Rayna participa como pesquisadora colaboradora.

Em seguida ao encontro, o convite para encabeçar a publicação deste livro no Brasil surgiu durante a pandemia de 2020, quando, por força do

---

3. Cresas ou Centro de Pesquisa da Educação Especializada e da Adaptação Escolar do Institut National de Recherche Pédagogique (INRP), fundado em 1969, em Paris, estuda as condições psicopedagógicas e os contextos institucionais e sociais que favorecem a aprendizagem de todos os alunos, bem como as condições que permitem que professores e educadores se empenhem em transformar suas práticas nesse sentido.

4. Meu doutorado foi orientado simultaneamente pela Prof. Tizuko Morchida Kishimoto, da Faculdade de Educação da Universidade de São Paulo (FEUSP), e pelo Prof. Dr. Gilles Brougère, da Université Paris XIII — Nord, França.

isolamento e das dificuldades de locomoção entre mares, novamente Sylvie Rayna e eu nos tornamos parceiras pela telinha de um computador. Sylvie convidou-me para traduzir aos alunos uma aula sua na Universidade Federal do Rio de Janeiro (UFRJ) sobre a rede pública de Educação Infantil de Pistoia. Fiquei encantada com o que vi e ouvi, e a ideia da publicação deste livro, que reúne depoimentos vivos de suas protagonistas, foi se tornando aos poucos realidade.

Considerei que a publicação deste livro sobre as origens, razões e estratégias políticas, históricas e culturais da rede de Educação Infantil de Pistoia, na voz de suas protagonistas, faz-se fundamental para movimentar o debate sobre as práticas educativas e sobre as políticas da infância atuais em nosso país.

Este livro traz para o debate o conceito-chave que considera Pistoia como cidade amiga das crianças.

Ao longo de 6 capítulos, suas autoras nos lembram, por meio de uma descrição pormenorizada sobre as práticas educativas, a participação das famílias, a formação dos profissionais, a inclusão dos imigrantes (estrangeiros e refugiados), a organização dos espaços e dos ambientes e a experiência dos conselhos de gestão das creches, de que o trabalho educativo com crianças pequenas é muito mais amplo do que desenvolver aprendizagens por meio de uma "pedagogia das lupas" ou transformar escolas em ateliês de artes. De acordo com Fusari (2002, n. p.)[5],

> [...] nosso percurso de trabalho implicou um esforço coletivo para que creches, pré-escolas, *aree bambini*, oficinas, bibliotecas juvenis, CIAF formassem, no decorrer dos últimos anos, uma rede articulada e flexível de espaços educativos para as crianças e suas famílias. Contudo, teria sido um erro fatal delegar a função educadora em sentido global unicamente aos serviços educativos, a qual deve necessariamente pertencer a toda a sociedade nas suas diversas

---

5. Este texto fez parte da Mesa Temática "Educação e políticas de exclusão: a negação dos direitos da infância", apresentada no Fórum Mundial de Educação (outubro de 2001), Porto Alegre — RS (Brasil). Traduzido por Fernanda L. Ortale e Ilse Paschoal Moreira a partir da transcrição em italiano.

articulações: a família, a comunidade, o próprio tecido urbano. O esforço e o objetivo da administração foi, consequentemente, o de estender as próprias ações além dos serviços para a infância e além do tempo na escola, a fim de recompor, mesmo dentro da malha da cidade, espaços receptivos e familiares, oportunidades de jogo e de crescimento durante o tempo livre, oportunidades mesmo para as crianças menores, de microexperiências para serem vividas de modo autônomo e, de modo mais geral, produzir situações e contextos educativos em que toda a comunidade possa se encontrar em uma dimensão mais humana e gratificante do viver.

Os relatos relembrados, descritos e analisados nos diferentes artigos deste livro revelam que a educação das crianças pequenas está associada à intenção de integrá-las ao contexto de participação política, tornando as creches e escolas de Educação Infantil não apenas territórios produtores e difusores da "cultura da infância", como também potenciais transformadoras da própria cidade em território educador, tal como aconteceu em Pistoia.

No meu entender, esta é a grande contribuição deste livro: manter viva na memória de educadores, professores e equipes de gestão da Educação Infantil e, no nosso caso, em nosso país, a consciência de que educar crianças é uma tarefa política, social e cultural maior do que as próprias metodologias e as instituições de educação.

Manter a "cultura da infância" no "radar" é considerar as interações sociais e os contextos políticos e culturais em que ela acontece e, em especial, criar territórios de aprendizagens propícios para tal.

Desejo que leitores e leitoras brasileiros possam beneficiar-se e deliciar-se com sua leitura, tal como aconteceu comigo!

Introdução

Sylvie Rayna

Uma cidade "farol" para a primeira infância
O vácuo dos gigantes me incomoda; admiro, deslumbrado, o tamanho
dos pequeninos.
(Victor Hugo, *A arte de ser avô*)

[...] *a coisa mágica que é a arte.*
(François Cheng, *Cinco meditações sobre a beleza*)

O tesouro da vida e da humanidade é a diversidade.
(Edgar Morin, *O diálogo sobre a natureza humana*)

A educação é uma aventura cheia de riscos.
(Jerome Bruner, *O que nos dizem as aprendizagens iniciais*)

Há bastante tempo, a chefe do departamento responsável pela Educação Infantil em Pistoia, as coordenadoras pedagógicas e as professoras[1] das creches municipais (*nidi*), dos jardins de infância (*scuole del infanzia*) e das áreas para crianças (*aree bambini*[2]) registram suas experiências com crianças. São

---

1. O feminino é usado neste livro porque o mundo da primeira infância em Pistoia, tal como no Brasil, é, na sua grande maioria, composto por mulheres.

2. Na falta de um equivalente em nossa estrutura de atendimento à infância, faremos uma tradução livre de *aree bambini* como "áreas para crianças". (N.T.)

denominadas "professoras" todas as profissionais que trabalham com crianças e cuja formação mínima obrigatória atual exige um título de mestrado. Elas são auxiliadas por "colaboradoras" na cozinha, na lavanderia e na limpeza desses três tipos de estruturas de acolhimento e educação — *nidi, scuole del infanzia* e *aree bambini* —, nas quais não há funções de direção, e é a equipe de coordenação pedagógica a responsável pelo apoio das professoras. As suas publicações, disponíveis em italiano[3], claro, mas também em inglês, espanhol e em outras línguas, respondem a pedidos frequentes do mundo profissional e acadêmico italiano, de países vizinhos ou até mais distantes, tendo em vista o quão excepcional é o que acontece nessas estruturas municipais da primeira infância. Apesar da vasta bibliografia traduzida em francês de Anna Lia Galardini, Antonia Mastio, Donatella Giovannini, Maria Laura Contini e Deborak Cappellini[4] — mais recentemente de Federica Taddei (2019) —, e os "cadernos" de viagens de estudo de profissionais[5], de formadores[6], de estudantes[7] e demais autores[8], não há uma obra completa dedicada a Pistoia e sua cultura de primeira infância.

"Cidade farol", como aparece nos estudos internacionais, devido à sua importância quantitativa e qualitativa da oferta de cuidados infantis para crianças menores de 6 anos e suas famílias, Pistoia e seu "sistema competente"[9] mereceu a empreitada deste livro. Sua escrita se impôs a mim, por muito tempo, visando tornar ainda mais visível essa cultura viva, em profundidade e nos seus detalhes, ancorada em ideias fortes, bem como em valores basais traduzidos em cada estrutura educativa ao longo de encontros e eventos. Este

---

3. Consultar as referências dos seis próximos capítulos.

4. Consultar as referências dos seis próximos capítulos.

5. Consultar, em particular: Thomas; Lemoine; Jegu, 2020; Thomas; Lemoine, 2015; Organde, 2017; Airoldi; Sanou; Fracheboud, 2020.

6. Com destaque para: Bouve; Mastio, 2008; Maurel, 2019; Andrys; Rharbi, 2020; Guinchard Hayward; Desponds Theurillat, 2020.

7. Consultar, por exemplo, Jegu; Lemoine; Thomas, 2012.

8. Consultar, por exemplo, Ben Soussan, 2008.

9. Consultar Gandini; Pope Edwards, 2001; Musatti; Picchio; Mayer, 2016; Vandenbroeck; Urban; Peteers, 2016.

livro é o resultado do trabalho produzido por aqueles que estão por trás de uma aventura de quase cinquenta anos e que a sustentaram: Anna Galardini, responsável por esse sistema integrado da primeira infância, e Donatella Giovannini, Antonia Mastio, Sonia Iozzelli e Maria Laura Contini, coordenadoras pedagógicas. Este livro relata uma abordagem que faz rimar acolhimento e educação com ética, política e estética, maravilhando visitantes e estagiários que Pistoia recebe a cada ano (Cappellini; Giovannini; Contini, 2020). Abordagem compartilhada por todas as estruturas municipais para a primeira infância em Pistoia: creches e escolas de Educação Infantil cuja especificidade voltada à "primeira infância" é altamente valorizada, assim como as *aree bambini* citadas. O objetivo deste livro é, portanto, divulgar essa experiência, propiciando o diálogo e inspirando sistemas diversos de outras localidades.

Esta publicação é ao mesmo tempo sobre o porquê e o como. Cada capítulo trata, por um lado, da "filosofia", do significado e da direção de um ambicioso projeto municipal sem o qual o "fazer" não faz sentido e, por outro, traz exemplos de traduções práticas possíveis para ajudar os leitores a imaginá-lo: não são de forma alguma "modelos", muito menos "técnicas", a serem reproduzidos isoladamente; elas só têm relevância e força quando articuladas entre si, numa visão global permanentemente em mudança. O primeiro capítulo descreve a elaboração progressiva e a estruturação histórica dessa abordagem para a primeira infância, seguido por capítulos temáticos que trazem a concepção dos espaços, a inclusão das famílias, sua abertura e conexão com a cidade e, para além delas, a coordenação pedagógica. Esses capítulos podem ser lidos separadamente, mas a sobreposição entre eles testemunha as inter-relações que constituem e sustentam a consistência dos pilares principais desta abordagem.

DIÁLOGO COM PISTOIA[10]

A ideia deste livro nasceu há dez anos, quando Anna Lia Galardini se aposentou da direção do departamento de assistência de Pistoia, do qual

---

10. Um aceno para *In dialogue with Reggio Emilia* (Rinaldi, 2006).

foi responsável desde os primórdios dos anos 1970. Ela é, hoje, a "maior testemunha" da construção dessa cultura da primeira infância, ao lado da primeira geração de coordenadoras pedagógicas, coautoras do livro, e que também tiveram suas aposentadorias escalonadas até 2019. A escrita desta publicação ocorreu, portanto, no período de transição entre a saída das fundadoras e a entrada de uma nova geração de professoras e coordenadoras pedagógicas nesse sistema de Educação Infantil, tão integrador quanto integrado ao acolhimento e cuidado das crianças, à parceria com as famílias e ao bem-estar da comunidade. Este processo de redação resultou em um diálogo constante entre nós, por meio de trocas de mensagens eletrônicas e graças a inúmeras reuniões, sejam eventos científicos em Pistoia, Paris, Lyon, Montreal, assim como durante viagens de estudo a Paris, Pistoia ou Lucca[11]. Este diálogo começou, de minha parte, há muito tempo, na esteira da colaboração científica internacional com Tullia Musatti — diretora de pesquisas do CNR[12] em Roma e fundadora, ao lado de Loris Malaguzzi e Suzanna Mantovani, do grupo nacional que reúne creches e escolas de Educação Infantil italianas. No início da década de 1970, Tullia Musatti veio passar um ano em Paris, quando iniciamos juntas, no Cresas[13], uma investigação sobre o desenvolvimento e as interações entre crianças pequenas nas creches parisienses. Essa pesquisa, assim como muitas outras até hoje, passou a ser realizada entre Roma e Paris. Em 1981, Tullia Musatti e sua equipe organizaram uma formação em pesquisa-ação em Pistoia, e foi quando descobri o projeto educativo dessa cidade e pude conhecer seus protagonistas. Desde então, as trocas continuaram entre nós, intercaladas com inúmeros convites recíprocos para os eventos científicos ou profissionais que organizamos em nossas respectivas cidades e países[14].

---

11. Organizei e acompanhei várias viagens de estudo para a França, especialmente para a associação Crescere, presidida por Anna Lia Galardini, e na Itália para a Associação Le Furet.

12. Centro Nacional de Pesquisa Italiana.

13. Esse centro de pesquisas pedagógicas estabeleceu vínculos e parcerias acadêmicas, desde sua criação, com pesquisadores e outros participantes em Bolonha, Roma, Gênova etc.

14. As publicações italianas incluem: Galardini, 2007, 2009, 2011; Mastio, 2010; Mastio; Rayna, 2013; Cappellini; Giovannini; Contini, 2020.

UMA GRANDE AVENTURA...

No primeiro capítulo, Anna Lia Galardini apresenta as origens da cultura da primeira infância em Pistoia e seu contexto original: o movimento compartilhado com outras cidades italianas que, a exemplo de Reggio Emilia, operou uma verdadeira "revolução" educacional com a criação de suas escolas de Educação Infantil municipais (Cagliari *et al.*, 2016). Anna Lia revela as raízes dessa cultura da infância e as condições favoráveis ao seu desenvolvimento local: continuidade em relação a escolhas políticas potentes, defesa dos direitos das crianças, ligações estreitas com o mundo da investigação e envolvimento com outras redes de educação em nível regional, nacional e internacional. Entre as suas principais características, estão uma abordagem "integrada" (mesma equipe de profissionais nas creches, nas escolas de Educação Infantil e nas *aree bambini*), aposta positiva no potencial de todos — crianças e adultos — e o arranjo de ambientes e situações cuidadosamente pensados para cultivar essas potencialidades e as relações entre todos. Ouvir o que os diferentes protagonistas dizem, pensam e sentem — incluindo as crianças pequenas[15] e suas famílias — alimentou a abordagem de Pistoia em relação às suas estruturas educativas acolhedoras, pequenos "laboratórios" desenhados em sintonia com pedagogias ativas e repensados à luz de múltiplas fontes, tais como projetos investigativos, pesquisas bibliográficas e estudos de campo, produções de artes visuais, literatura, filosofia... e *networking*. O panorama apresentado testemunha um sistema profundamente enraizado, histórica e geograficamente, assim como infinitamente aberto ao diálogo com os outros, o que constitui sua potência. Uma grande particularidade é a valorização da beleza dos ambientes, raramente encontrada em outros lugares[16]. Se "falar de beleza" pode "parecer incongruente, inapropriado, até provocativo" (Cheng, 2006, p. 13), isso não acontece em Pistoia. Anna Lia Galardini descreve ambientes "atenciosos" e "amigáveis", e esse vocabulário é inusitado na linguagem

---

15. Atualmente, todo um fluxo de pesquisa foi desenvolvido em torno das crianças (Garnier; Rayna, 2017).

16. Não obstante, no âmbito da estrutura nacional de 2017, relativa ao atendimento de crianças pequenas na França, o Princípio 10: "Preciso me desenvolver em um ambiente que seja bonito, saudável e propício ao meu desenvolvimento". Disponível em: http://www.hcfea.fr/img/pdf/cadre_nationalpour_l_accueil_du_jeune_enfant.pdf.

profissional, como tantas outras expressões ao longo do livro: elas traduzem os pilares dessa cultura, distinguindo-se dos termos tradicionais e dos novos discursos dominantes, recusados ao longo da obra. Há uma constante, no decorrer das páginas, em relação às práticas da documentação.

Nesse primeiro capítulo, a autora nos apresenta esses pilares e suas inter-relações. Lança luz sobre o significado de situações e práticas que as equipes experimentam e transformam, tendo em vista as concepções, os objetivos e os valores construídos ao longo de décadas. Acima de tudo, ela nos revela a imagem da criança pequena criativa, de cuja "grandeza" podemos nos maravilhar, fruto de uma educação que integra todas as dimensões do seu crescimento e do seu bem-estar. Apresenta-nos, ainda, o imperativo da inclusão e participação de todos que resulta, simultaneamente, na construção identitária das instituições de Educação Infantil e no sentimento de pertencimento de cada um dos seus "habitantes". Um território social impressionante, em perpétua reinvenção.

UMA CULTURA DO HÁBITAT[17]

No segundo capítulo, Donatella Giovannini evoca a retórica do hábitat para nos convocar a pensar e imaginar a experiência de Pistoia em comparação às "cabanas e às comunidades que se desenvolvem em relações de dentro para fora, completamente inusitadas"[18] em oposição às construções urbanísticas que "[...] agrupam as pessoas infligindo lhes a solidão" (Bruner, 1996, p. 138). Uma vez que o espaço não é um "ambiente amorfo, mas um contexto social e cultural que permite ou impede", criar verdadeiros locais de encontro é condição necessária para uma convivência plena nos quais se pode encontrar seu lugar, sentir-se bem e participar de experiências únicas e enriquecedoras para todos.

---

17. O hábitat do ser humano é a superfície terrestre. Por hábitat devemos entender o local de moradia, áreas propícias à sobrevivência, à fixação de espécie. O ser humano é um ser vivo que não possui uma área específica, um tipo de clima, de solo, vegetação ou relevo que determinem a sua fixação. (N.T.)

18. Veja a exposição "Cabanes" (Cité des sciences et de l'industrie, La Villette, 2019); o artigo de J.-B. de Montvallon, "La cabane, symbole de liberté et de résistance", *Le Monde*, 9 ago, 2019 etc.

Sabemos da importância da abundância e da disponibilidade de ambientes e da cultura material para a socialização nas instituições de Educação Infantil (Garnier, 2012). Donatella Giovannini revela como a criação de tais territórios deve pressupor a beleza, a suavidade, a alegria e, sobretudo, o uso da palavra, para que seus habitantes possam aproveitar, à sua vontade e ao seu ritmo, propostas feitas em todas os ambientes de brincadeiras e de cuidados, mas também nos locais de passagem, tais como *halls*, corredores e escadas onde se pode cultivar o encontro. Isso exige *layouts* e materiais específicos que não são ditados por catálogos nem por modismos, mas criteriosamente escolhidos, muitas vezes "caseiros", acompanhados de práticas acolhedoras, por palavras ditas ou lidas que tocam o essencial por meio da sensibilidade. Tais hábitats ou territórios, que dão origem a emoções, ações e interações, são a expressão viva dos habitantes que ali se sucedem e os fazem evoluir. Muitos detalhes, achados engenhosos, a estética do lugar e cenas inesperadas impressionam as novas famílias e os visitantes. Os materiais, nobres, são retirados da natureza, dos sótãos, da loja de ferragens... As famílias gostam de vir mexer, fazer jardinagem, oferecer os seus muitos talentos, enfim, "fazer coisas" com professores e outros pais. Ao longo do capítulo, as estruturas educativas aparecem como novas cenas onde se desenrolam infinitos cenários da primeira infância, com seus personagens centrais e toda a cidade por trás deles, coreografias singulares por meio das quais se pode ler uma prática permanente de hospitalidade.

Donatella Giovannini evidencia a importância em apoiar coordenadores pedagógicos e suas "pesquisas-ações-formação" no desenvolvimento desses territórios de vida, de aprendizagem, de descoberta e invenção e de construção de identidades onde todos os momentos do dia importam, onde o cotidiano tem valor.

UMA CULTURA DA HOSPITALIDADE

Nos dois capítulos subsequentes, Antonia Mastio e Maria Laura Contini apresentam um conjunto de situações, práticas e ferramentas destinadas à inclusão de todas as famílias nas instituições educativas por meio de suas equipes acolhedoras e suas paredes com palavras de boas-vindas — nada que proíba, prescreva ou moralize, mas uma retórica do "sim" e do "por que não?" em todos os lugares —, do mobiliário que convida a instalar-se confortavelmente e ficar, da multiplicidade de objetos que estimulam a discussão e a reflexão. Na base de tudo isso está uma imagem positiva das famílias que ecoa na imagem das próprias crianças e de seus recursos.

Se paredes, jornais e outros documentos tornam as experiências das crianças visíveis para os pais, os vestígios das famílias também são numerosos, e Antonia Mastio mostra a necessidade de multiplicá-los. Assim, soma-se à preocupação de assegurar às crianças a continuidade entre a vida na casa e a vida na instituição uma abordagem aberta à alteridade. Não são apenas as "pequenas" coisas que vinculam cada criança individualmente à instituição, mas também a existência de uma diversidade de possibilidades que torna visível a presença das famílias nos lugares, aos olhos de todos. Assim, as existências nos ambientes de objetos trazidos de casa pelas crianças tornam as creches e as escolas de Educação Infantil mais conviviais e refletem a diversidade dos universos familiares e culturais. Diferentes instalações presentes nos ambientes visam apoiar a "arte do diálogo" com as famílias. Em uma creche, por exemplo, a construção com os pais de uma documentação nas paredes sobre o "dodô"[19] na família e na instituição nos afasta anos-luz da prática clássica de "transmissão" de conhecimentos. Também presenciei, por outro lado, uma atividade realizada em outra creche com pais e mães para representar suas famílias utilizando materiais reciclados que ficou exposta na biblioteca localizada no *hall* de entrada (Rayna, 2017). Essa biblioteca está em constante mudança: durante um ano, tornou-se um "Pequeno museu sentimental" onde foram reunidos vestígios das melhores memórias de infância de pais e mães sobre a cidade; mais recentemente, acolheu a exposição denominada "Pequenos universos sensíveis", criados durante o percurso dessa creche em um projeto sobre emoções, partilhado com outras instituições. No longo muro defronte à creche, por onde as famílias passam para entrar e sair, eu observei, por um ano, uma pintura feita em papel *kraft* de uma aldeia inteira, com

---

19. Na França, tornou-se comum a adoção do termo "dodô" para denominar os ursinhos de pelúcia, paninhos ou objetos diversos que são usados como objetos transicionais por bebês e crianças pequenas no seu dia a dia, de acordo com conceito e nomenclatura utilizados por Winnicott. Para compreender melhor, sugiro a leitura de *O brincar e a realidade*, de Donald W. Winnicott, Rio de Janeiro: 1975. (N.T.)

suas casas em cores suaves ligadas por varais onde pais, mães e profissionais penduravam pequenos recados para as crianças, usando miniclipes. No ano seguinte, ao lado da vegetação, foi reproduzida uma ilustração de um livro infantil adorado pelas crianças, representando um personagem em seu barco com minigarrafas de verdade coladas, navegando na água; observei famílias tirarem as tampinhas das garrafas e colocarem seus recados ali...

Antonia Mastio, que foi especificamente a responsável pelo acolhimento de crianças com necessidades especiais e suas famílias, mostra que a educação inclusiva pode ocorrer para além do que se almeja. Ela revela como torná-la possível e, também, enriquecedora para todos: para essas crianças invisíveis, e para aquelas que, desde muito cedo, têm a oportunidade de se desenvolver e aprender com crianças "diferentes"; também para os seus pais, que se beneficiam, como outros pais, do apoio das equipes de profissionais e das outras famílias, e que, ao participarem do processo inclusivo de seus filhos, contribuem para alargar as perspectivas de toda a comunidade educativa. Cada visita a Pistoia permite constatar isso, por exemplo, a partir da descoberta de instalações "incríveis" inseridas no projeto sobre emoções de uma turma de Educação Infantil estimulada pela presença de uma menina cega.

Maria Laura Contini, que, após dirigir o departamento de serviço social, sucedeu a Antonia Mastio, foca seu trabalho de inclusão no acolhimento das famílias migrantes. Ela evoca, inicialmente, o caminho realizado nas instituições educativas para incluir os recém-chegados, tendo por parceiro um grupo de pesquisadores. Em seguida, descreve o caminho sobre o programa "Dialogando com os serviços educativos e a cidade", que iniciou e realizou com Donatella Giovannini. Laura Contini descreve o percurso do programa, realizado em dez encontros e oferecido há vários anos a famílias migrantes com filhos pequenos — e único no gênero —, no qual se abrem canais de comunicação entre as famílias e a cidade e suas instituições, como câmara municipal, hospital, biblioteca e instituições educativas. Do lado das creches, escolas de Educação Infantil e *aree bambini*, essa escolha pela hospitalidade, pelo acolhimento à diversidade e o convite à participação são expressos por um conjunto de detalhes e sinais visíveis por toda a parte. Por exemplo, menciono o registro de uma frase de Primo Levi (inscrita no memorial aos italianos em Auschwitz): "*De qualquer país de onde você vem, você não é um estranho*". Frase em italiano e em três idiomas falados pelas famílias, no topo das quatro paredes da entrada de uma pequena creche contígua a uma escola de Educação Infantil.

Produzida na busca de vínculos de solidariedade e interdependência, essa cultura de hospitalidade, por sua vez, fortalece esses vínculos. Antonia Mastio descreve alguns projetos iniciados pelos pais e apoiados pela coordenação pedagógica, para melhorar a vida cotidiana das famílias mais pobres. Anna Lia Galardini sublinhou, no primeiro capítulo, "o valor da relação de proximidade com as crianças que nos permite ouvi-las e observá-las", e o "clima caloroso no qual o acolhimento e o reconhecimento do outro estão em primeiro plano". Antonia Mastio retoma a ideia da "capacidade de compreender as situações de cada família", para incluir aqueles que acumulam dificuldades; e Maria Laura Contini convoca a capacidade dos profissionais de saírem de si próprios, olhando com empatia para as diferenças. Seus capítulos demonstram que apenas com base em forte empenho do serviço municipal, dos coordenadores pedagógicos e das equipes institucionais é que se constrói cotidianamente uma aliança educativa em cada ambiente, concebido como local de diálogo entre as culturas familiares e institucionais, e como local de exercício da cidadania.

UMA CULTURA DO TERRITÓRIO

Em seu capítulo, Sonia Iozzelli relata a existência de vários projetos na cidade de Pistoia, dos quais liderou alguns. Trata-se, portanto, de disponibilizá-los às crianças, criar condições para que conheçam e gostem de sua rica herança, propiciar-lhes diálogo com os "mais velhos" dos tempos presente e passado, com profissionais dos museus e tantos outros. Os pais, implicados nos projetos, podem descobrir ou redescobrir o espaço urbano e, ao fazê-lo, podem desenvolver com seus filhos ou fortalecer o apego a lugares e pessoas com quem se encontram. O programa inicial, "Pistoia amiga da criança", foi sucedido por ações intra e extramuros do projeto "Pela mão". As crianças, acompanhadas por suas professoras e seus parceiros da cidade e do campo, realizaram percursos pelas praças, pelos palácios, pelas igrejas, depois pelos campos circundantes e pelas creches. Essa experiência resultou em dois magníficos trabalhos que documentam o ponto de vista das crianças que, "pela mão", nos conduzem pelos becos e serras de Pistoia. Seus pontos de vista, suas reflexões também foram solicitados mais recentemente para a exposição "A cidade vista pelos olhos das crianças", exposta nas vitrines das lojas do centro histórico. Esses pequenos cidadãos também participaram com suas palavras, seus desenhos e as expressões de seus corpos fotografados no evento "Pistoia, capital italiana da cultura", em 2017, revelando que as crianças têm voz nas instituições educativas e, também, na cidade onde moram. O período que passei em Pistoia, nesse ano, permitiu-me descobrir os percursos da cidade e as produções das crianças nas instituições, e em seguida admirar a exposição e observar as reações dos transeuntes, habitantes e turistas.

Os vínculos entre a primeira infância e a cidade, que se mantêm de um ano para o outro, podem ser observados nos materiais doados por lojistas e artesãos às creches, escolas e *aree bambini*, ou quando famílias, profissionais e diversos parceiros se encontram por prazer, nas praças ou no mercado. Esses vínculos são uma alavanca precoce, na primeira infância, construída para contrariar o processo de desterritorialização ligado aos caprichos da globalização.

Se muitos percursos levam as crianças a viverem experiências ricas no exterior, a cidade e o campo estão muito presentes no interior das instituições e são fontes infinitas de inspiração. As *aree bambini*, onde as crianças vão com suas educadoras e/ou os pais para várias atividades, também se abrem ao exterior: no laboratório *Area Verde*, as crianças estendem suas explorações pelos prados ou olivais que as rodeiam; no *Area Blue*, os caminhos artísticos propostos estão intimamente ligados tanto às belezas urbanas quanto às paisagens toscanas. O trabalho com o território alarga, assim, o âmbito das propostas feitas para crianças e as ancora no que lhes está próximo. Afastar--se das instituições renova a escuta e o olhar das educadoras, e desenvolve o seu profissionalismo, em um compromisso coletivo de pesquisa apoiado pela coordenação pedagógica.

UMA CULTURA DA COORDENAÇÃO E DA PARTICIPAÇÃO

No último capítulo, Donatella Giovannini apresenta esse apoio rigoroso e apaixonado das coordenadoras pedagógicas. Cabe lembrar que, em vários municípios italianos, esses profissionais têm mestrado em coordenação pedagógica[20] e trabalham em conjunto com creches, escolas maternais e centros para crianças e famílias[21] (Baudelot; Musatti, 2002). A palavra-chave é colaboração, além de trabalho transversal dentro da equipe de coordenação, bem como intra e entre as instituições educativas. O resultado é um envolvimento forte e contínuo das professoras, nessa que é uma aventura comunitária. Quando relatam suas práticas aos visitantes, são evidentes o orgulho e a alegria de trabalhar em equipe com crianças pequenas, suas famílias e os diversos parceiros da comunidade ou da cidade. Mostram-se autoras de suas próprias práticas — não executoras de "fazeres" pensados por outrem — em um coletivo de "coproprietários" de uma abordagem comunitária, construída e implementada por uma pluralidade de interpretações em cada ambiente educativo. Impulsionadas por uma visão positiva do próprio trabalho e pelo reconhecimento de famílias satisfeitas, discutem sua abordagem e a desenvolvem, abertas a questionamentos e a novas ideias, vindas daqui ou de outros lugares (Cappellini; Giovannini; Contini, 2020).

Relações interpessoais baseadas na proximidade e na escuta, construídas com crianças e famílias, também são observadas em relatórios profissionais. Essas relações calorosas, significativas e conjugadas a oportunidades de expressarem seus pontos de vista, suas propostas e de conhecerem aquelas dos colegas desenvolvem nas professoras a confiança em si e nos outros, facilitando a troca e o enriquecimento de um projeto global complexo que lhes nutre os talentos, socialmente reconhecidos. Exemplo disso é o reconhecimento, da parte das coordenadoras, do potencial artístico, científico, narrativo etc. das educadoras que trabalham nas *aree bambini* em vez de contratar especialistas. Apoiar, em cada instituição, os caminhos específicos e dar às professoras os meios para fazê-los frutificar são exemplos do trabalho de tessitura, em rede, que as coordenadoras pedagógicas fazem diariamente entre as instituições do território.

---

20. Ainda não há formação para coordenadores de creches ou da primeira infância na França; a tentativa de criar um diploma universitário após uma pesquisa nacional sobre essa nova função (Baudelot; Rayna, 2000) não foi concretizada…

21. Os centros italianos para crianças e famílias correspondem aos centros franceses de recepção de crianças e pais, com algumas especificidades locais (Di Giandomenico; Musatti, 2016).

Uma das suas tarefas essenciais é, também, cultivar parcerias duradouras que contribuam para a formação continuada das profissionais e, ao fazê-lo, melhorar a qualidade e equidade nas instituições educativas. E vale ressaltar o quanto elas próprias, as coordenadoras, se envolvem pessoalmente nesse processo de formação, seja colaborando com os vários especialistas na inclusão de crianças com necessidades especiais, seja com equipes de pesquisa para ajustar suas pesquisas-ação o mais próximo possível das expectativas das equipes institucionais e conduzi-las ao seu lado. O resultado é a alegria de seguir em frente, buscando com confiança e no desejo de enfrentar juntos os muitos desafios que se colocam à educação das crianças pequenas.

Donatella Giovannini nos mostra, neste capítulo, que promover essa cultura de participação em todos os atores do sistema, respeitando o lugar de cada um e a promoção da extensão de si em todos, é construir a cidadania em ação, nesses primeiros espaços de exercício democrático, que faça sentido local (Dahlberg; Moss; Pence, 2011). Para a autora, assim é que se desenvolvem "ilhas de resistência"[22]. Portanto, a primeira infância pode se tornar um recurso para a cidade. De antemão, é destinado tempo às professoras para que possam documentar, trabalhar umas com as outras e, também, com familiares, e fazer formação em vários momentos da semana, às vezes nos fins de semana ou à noite: elas têm seis horas por semana em média sem as crianças, uma boa condição para profissionais de creches e escolas de Educação Infantil.

PARA CONCLUIR

Pistoia é um belo exemplo de oferta municipal de instituições de acolhimento e educação de qualidade para crianças menores de 6 anos, aliada a uma gestão sólida e a uma avaliação constante dos meios para garantir um profissionalismo que responda às mudanças sociais e culturais da atualidade. Frente a um segmento tão desigual quanto frágil, que é o do acolhimento e da educação de crianças pequenas na França, na Bélgica e em outros países europeus, mas também em países da América Latina, sobretudo no Brasil, esse verdadeiro

---

22. "E. Morin et A. Touraine, deux engagés volontaires", entrevista concedida a E. Favereau, *Libération*, 3 fev. 2019.

laboratório sociocultural oferece às cidades e aos países, aos governantes e aos profissionais da primeira infância pistas confiáveis de reflexão e ação para fazer frente às questões associadas à qualidade e à igualdade educativa. Essa experiência oferece uma possibilidade de fuga dos discursos securitários, corporativos e avaliativos que desviam, por medo, pela tecnicização e pelo interesse no lucro aquilo de que a primeira infância precisa ao lado de uma parentalidade livre das constantes suspeitas de fracasso impostas pelo pessoal especializado. Se Pistoia confirma a criatividade do território, também nos mostra as condições necessárias para prever a dispersão e o efêmero.

Meu envolvimento nas pesquisas-ação antigas do Cresas, nos diversos acompanhamentos que tenho feito em instituições de Educação Infantil, permitiu-me entrar em contato com essa dinâmica criativa dos territórios (Rayna, 2016) como "retomadas" da abordagem de Pistoia por formadores, dirigentes e profissionais de municípios suíços, franceses e belgas, mas também outros exemplos (Pirard; Rayna; Brougère, 2020). Cabe aos leitores apreender a reflexão sobre as condições para que tal dinâmica, sustentável, permeie a primeira infância ao nível dos territórios. O apelo de Jerome Bruner por uma outra educação, a da participação, baseada em estudos pioneiros sobre o desenvolvimento infantil, continua relevante hoje mais do que nunca: "Participar da cultura... desde o início" (Bruner, 1996, p. 138), "[...] criar comunidades educacionais baseadas no que aprendemos nos últimos anos sobre o conhecimento humano: que ele se desenvolve melhor quando é participativo, 'proativo', comunitário, cooperativo, e que se esforça para construir significados em vez de recebê-los" (p. 142). Perante uma escola de Educação Infantil que permanece escandalosamente desigual (Lahire, 2019), convém começar mais cedo a integrá-la num movimento ambicioso, um coro educativo, cuja necessidade se faz sentir no atual contexto de crise da democracia, da desregulamentação econômica e da ascensão do fundamentalismo.

Como acontece em muitos livros italianos destinados a profissionais de creches, escolas de Educação Infantil e casas da infância, gostaríamos que as narrativas que compõem este livro fossem ricamente ilustradas. Essa linguagem visual visa apresentar melhor as afirmações feitas e documentar essa cultura da primeira infância para facilitar sua compreensão e levar a discussões e mudanças. As fotos aqui registradas (vf. anexo) mostram cenas captadas durante a escrita do livro, mas também muitos arranjos e instalações foram atualizadas, que, por sua vez, darão lugar a outros mais atuais. Não se destinam, assim como os exemplos registrados por escrito, a serem copiados, multiplicados, pois, além de um disparate em relação à abordagem de Pistoia, resultariam em coisificação do projeto, combatida vigorosamente por seus protagonistas. Dando visibilidade às realizações do projeto de uma cidade, tanto as imagens como as palavras que as acompanham, neste livro, visam inspirar e avançar nas experiências educativas, assim como ocorre em Pistoia, quando seus atores ouvem diversas fontes como inspiração para atingir seus objetivos.

1

Cultivar a qualidade em Pistoia

Anna Lia Galardini

> *O mundo dos serviços de atendimento à infância pode ser considerado como uma "Arca de Noé", quer dizer, um lugar de encontros que acolhe e reúne raízes, pertencimentos e solidariedades.*

(Pietro Clemente, durante um encontro de formação em Pistoia)

Pistoia é uma cidade da Toscana, localizada na Itália central, rica em história e cultura (vf. anexo, figuras 1, 2, 3). Pode-se considerá-la uma cidade acolhedora pelo tamanho de sua população — 90 mil habitantes —, pelo seu espaço urbano agradável e por suas tradições vivas na memória coletiva. Sua população goza de vida social e econômica privilegiada, e essas condições contribuem para o bem-estar das crianças. Estas crescem no seio de redes familiares ainda importantes, que lhes oferecem muito apoio cotidiano.

A qualidade de vida em Pistoia deve muito, também, à presença de uma vasta rede de estruturas de atendimento à Educação Infantil que compartilha com as famílias os cuidados e educação das crianças de 0 a 6 anos, favorecendo as relações entre adultos e crianças. Essa qualidade resulta do esforço que as instituições têm feito, ao longo dos anos, para criar um clima de abertura em relação às famílias, e graças a trocas frutíferas com outras experiências italianas e com a área da investigação.

DESDE A DÉCADA DE 1970, ESCOLHAS POLÍTICAS PRIORITÁRIAS PARA A INFÂNCIA

A infância, em geral, e a primeira infância, em particular, sempre estiveram "no topo da lista" das prioridades políticas de nossa cidade. Acreditamos, de fato, que trabalhar para os "pequeninos" significa trabalhar para algo "grande", porque a primeira infância é atravessada por questões importantes, até mesmo decisivas, da vida em comunidade: papel da família, escolhas educativas, questões de espaço e de tempo na cidade...

Estratégias e resultados

Pistoia cultivou, desde a década de 1970, seu compromisso com as crianças por meio de uma série de estratégias cujos resultados permitiram atingir os objetivos quantitativos e qualitativos recomendados por pesquisas internacionais, assim como por autoridades europeias, como os acordos de Barcelona e do Conselho da Europa em 2002[1]. De fato, a cidade acolhe, há muito tempo, 40% das crianças menores de 3 anos em suas creches. Além disso, de acordo com a lei italiana de 1977 a favor da integração, seguida da lei-quadro 104/1992[2], as crianças com deficiências diversas e por vezes muito graves são atendidas com muito cuidado tanto nas creches como nas escolas de Educação Infantil (Mastio, 2011). Finalmente, a qualidade do acolhimento e da Educação Infantil em Pistoia é reconhecida internacionalmente (Gandini; Pope Edwards, 2001; Mantovani, 2007a) e foi objeto de um estudo de caso

---

1. Disponível em: http://www.consilium.europa.eu/ueDocs/cms_data/docs/pressData/fr/ec/71026.pdf. Acesso em: 20 mar. 2024; disponível em: http://campus2.eipa.eu/courses/SOCINCL1428500/document/madrid/CommissionreportFR.pdf. Acesso em: 20 mar. 2024.

2. Essa lei refere-se à segurança social, à integração social e aos direitos das pessoas com deficiência.

para o Projeto CoRe[3], pesquisa encomendada pela Comissão Europeia sobre competências requeridas aos profissionais da primeira infância e que contribuiu para definir características de sistemas educativos competentes (Urban *et al.*, 2011; Vandenbroeck; Peteers, 2012; Musatti; Picchio; Mayer, 2016).

Nossa cidade avançou gradativamente graças a sucessivas administrações públicas que demonstraram grande convicção em relação à infância. A experiência educativa de Pistoia pode, assim, ser construída a partir da implantação de estruturas educacionais com particularidades sociais, políticas e humanas próprias, deixando suas marcas na história do atendimento à primeira infância no conjunto de municípios do norte e centro da Itália.

Crianças e adultos

O enraizamento das estruturas educativas na nossa cidade assenta-se no pressuposto de um serviço público gerido pelo município em constante diálogo com as famílias que são acolhidas, ouvidas e implicadas, tendo em vista seus recursos culturais. Isso ocorre em um movimento dialético e ético do "dar e receber", do dom e da contradádiva (Mauss, 1923-1924), que se reflete nas práticas de adultos e crianças nas instituições educativas. As creches e escolas de Educação Infantil municipais se apropriaram da perspectiva da administração pública empenhada e consciente do valor do atendimento de qualidade das crianças pequenas, mas também voltadas para a qualidade de vida de toda a comunidade. De fato, têm-se revelado não só locais onde os pequenos são cuidados e onde lhes são oferecidas situações educativas relevantes, mas também ambientes de encontro e de escuta mútua entre adultos, onde se podem construir relações de confiança. O modelo educacional de Pistoia não pode ser dissociado do reconhecimento de que as estruturas de Educação Infantil são espaços públicos garantidores dos direitos de cidadania, também, para jovens e idosos.

---

3. Para saber mais sobre o projeto CoRe, consultar https://www.oecd.org/content/dam/oecd/en/about/projects/edu/education-2040/concept-notes/Core_Foundations_for_2030_concept_note.pdf. Acesso em 23 set. 2024.

Essas estruturas, ou instituições, são pensadas como lugares que carregam valores educativos e também valores sociais, que são ampliados graças ao diálogo entre seus vários protagonistas. São verdadeiros "fóruns" — como descrevem Gunilla Dahlberg, Peter Moss e Alan Pence (2011), a partir da experiência de Reggio Emilia — territórios de superação das desigualdades e de promoção de políticas de inclusão social.

Apresentaremos inicialmente, neste capítulo, a gênese do nosso projeto seguida das principais características que serão aprofundadas nos capítulos subsequentes.

UM PERCURSO DE QUASE CINQUENTA ANOS

A manutenção de regularidades da vontade política municipal garantiu que o projeto para a infância e para a primeira infância fosse uma realidade em expansão, visível pelas famílias e pela comunidade em geral. Olhando para trás, podemos analisar e compartilhar, hoje, esse caminho percorrido, estabelecendo ligações entre os eventos ocorridos para lembrá-los. O empreendimento, liderado pela historiadora Egle Becchi, de reconstruir e tornar visível essa jornada de mais de quarenta anos, ao lado de todos aqueles que nela contribuíram — profissionais, líderes, pais etc. —, no livro *Una pedagogia del buon gusto*, tem colaborado muito para isso (Becchi *et al.*, 2009).

Recordemos brevemente as etapas significativas desta história.

A década de 1970 e o desenvolvimento de um modelo integrado e participativo

Em 1968, quando foram criadas as escolas de Educação Infantil estaduais para crianças de 3 a 6 anos na Itália, já funcionavam várias municipais, sendo que a primeira delas já existia desde 1964. O número dessas "*scuole dell' infanzia*", ou escolas da infância, como são chamadas hoje, cresceu de forma constante entre os anos 1970 e os anos 2000, totalizando, hoje, onze escolas municipais de Educação Infantil, quinze estaduais e sete particulares.

Foi só em 1972 que se criou a primeira creche — *asilo nido* — para menores de 3 anos na nossa cidade, logo após a lei nacional instituir essa instituição em 1971 e colocá-la sob a responsabilidade dos municípios. Hoje, existem sete creches municipais, sete cooperativas ou associativas e creches particulares homologadas, quatro das quais são creches indiretas.

Estruturas educativas, colegiadas e coordenadas

Deve-se ressaltar que as creches são, desde o início, parte das estruturas educacionais da cidade e funcionam com um corpo único de profissionais da educação, auxiliados por pessoal de manutenção e cozinha, que funcionam de forma colegiada, sem equipe de gestão. Como em outras regiões da Itália, nas *scuole dell'infanzia*, duas professoras de pré-escola trabalham juntas em cada turma e almoçam com as crianças. E nos *asilos nidi*, há apenas educadoras responsáveis pelas crianças: três educadoras em cada seção, com uma particularidade em Pistoia, pois desde 1995 elas são de fato professoras, como na pré-escola.

Uma equipe de coordenadoras pedagógicas municipais apoia essas equipes de creches e pré-escolas, coloca-as em contato e organiza sua formação continuada.

Gestão social

As pré-escolas e creches municipais estiveram altamente envolvidas no período de efervescência que caracterizou o nosso país na década de 1970[4]. Esse período se constituiu, para muitos, em uma experiência única, pelo entusiasmo que despertou em certo número de municípios italianos (Reggio Emilia, Módena, Bolonha etc.) em transformar as instituições educativas graças às alianças que foram criadas entre equipes, pais e comunidade. Esses

---

4. Vale lembrar que, no Brasil, para as feministas, a luta pela creche significava, em fins da década de 1970, uma das bandeiras para a emancipação da mulher. O Movimento de Luta por Creches, constituído basicamente por mulheres trabalhadoras das periferias, com mais força em São Paulo, reivindicava o atendimento de necessidades básicas em seus bairros, incluindo a creche em sua agenda, entendendo-a como um desdobramento de seu direito ao trabalho e à participação política (Finco; Gobbi; Faria, 2015). (N.T.)

anos foram decisivos na consolidação de um modelo de vida participativo nas escolas e nas estruturas da primeira infância.

Essa participação toma a forma do que se denomina na Itália de *gestione sociale* (Malaguzzi, 1972; Mantovani, 2007a), ou seja, uma gestão aberta e compartilhada com as famílias. Além disso, a Toscana foi, em nível legislativo, a primeira região da Itália a reconhecer e garantir o direito à participação para todos, e a política de Pistoia visava promover essa participação para fortalecer os processos coeducativos, melhorando, assim, a qualidade das estruturas da primeira infância. Antonia Mastio aprofunda a discussão no capítulo 3 deste livro sobre as várias modalidades de participação parental.

Os anos 1980: ambientes educacionais mais ricos e mais belos

Em seguida, a década de 1980 representou uma nova fase caracterizada pela grande atenção dada aos resultados das pesquisas psicológicas e peda-gógicas realizadas na Itália e em outros lugares, tais como as que tratam do apego (Mantovani; Terzi, 1987), de "bebês investigativos" (Sinclair *et al.*, 1982), da comunicação entre crianças (Stambak *et al.*, 1983) ou mesmo sobre as crianças e suas interações com os objetos (Galardini *et al.*, 1995), por exemplo. A nossa ideia foi reforçar as competências profissionais dos professores por meio de uma formação contínua centrada, inicialmente, no desenvolvimento da criança, no seu conhecimento, na sua socialização e nas condições necessárias para esse desenvolvimento. Em seguida, essa formação foi ampliada para a temática das necessidades mais amplas das crianças, de suas famílias e suas transformações, bem como temas mais sociológicos e antropológicos (Galardini, 2009).

Um processo de pesquisa-ação

Desde 1980, nós realizamos práticas de formação continuada dos professores, sob a forma de pesquisas-ações, no âmbito de acordos permanentes entre o Conselho Nacional de Pesquisa (Roma) e a cidade de Pistoia.

Essas pesquisas-ações formativas[5] estiveram focadas na comunicação entre os bebês, no brincar, na partilha da cultura entre as crianças e no desenvolvimento da sociabilidade (Musatti; Panni, 1983a; 1983b; Mayer; Musatti, 1986; Mayer; Musatti, 1992; Galardini *et al.*, 1995; Musatti; Mayer, 2001). A partir de meados dos anos 2000, elas foram direcionadas para o desenvolvimento de novas ferramentas para "documentar" as experiências das crianças (Di Gian Domenico; Musatti; Picchio, 2011; Picchio *et al.*, 2012; Di Gian Domenico; Picchio, 2013), prática que detalharemos a seguir. Em seguida, elas estarão focadas na recepção de crianças e famílias imigrantes que Maria Laura Contini apresenta com mais profundidade mais adiante neste livro, no capítulo 4.

Entre 1980 e 1990, outros estágios de pesquisa em creches e pré-escolas também são desenvolvidos com outras universidades, como as de Pavia, Florença, Roma e Massachusetts, em parceria com Lella Gandini, Enzo Catarsi, Anna Bondioli, Egle Becchi, Franca Rossi, Marina Formisano, sobre temas associados à qualidade da oferta de instituições para a primeira infância, ao papel do educador ou ao desenvolvimento da linguagem entre as crianças.

Trabalho em rede nacional

Devemos acrescentar que a nossa participação na dinâmica do grupo nacional *Nido e infanzia*, criado em 1980 por Loris Malaguzzi, desempenhou e continua a desempenhar um papel muito importante na partilha de conhecimentos e experimentação educativa (Musatti, 2009). Desde então, essa rede nacional tem reunido regularmente, para congressos em cidades voluntárias, profissionais de creches, pré-escolas, centros de acolhimento de pais e filhos (criados a partir da década de 1990 na Itália), gestores, políticos, pesquisadores italianos e de outros países. Esta é uma oportunidade para que apresentem suas pesquisas e seus projetos em sessões plenárias, sessões

---

5. Várias experiências têm sido realizadas ao longo dos últimos anos, no Brasil e no Canadá, sobre a pesquisa-ação como estratégia de formação continuada de professores. Para saber mais, ver Wajskop (2017; 2019) e Peterson (2012; 2016). (N.T.)

paralelas ou em pôsteres. A cidade de Pistoia sediou o segundo congresso do Grupo, em 1982, sob o tema: "Il nido nella società che cambia" ("A creche em uma sociedade em mudança"), contribuindo muito ativamente para a organização desse evento e a apresentação de experiências.

O projeto educativo das creches e pré-escolas municipais, mas também dos *laboratórios Pistoiaragazzi* (espaços criados em 1978 para crianças de 5 a 10 anos) — que Sonia Iozzelli examina detalhadamente mais adiante neste livro —, foi assim gradualmente enriquecido com os resultados de pesquisa e experiências desenvolvidas aqui e acolá.

Uma pesquisa estética como "preocupação positiva"

A partir de suas participações nas pesquisas-ações, os professores passaram a prestar mais atenção em como pensar o ambiente educativo das crianças. As instituições passaram a ser mais bem equipadas, resultando no enriquecimento de suas propostas educativas; o investimento na qualidade dos espaços tornou-se mais visível e as instituições ficaram cada vez mais bonitas. Donatella Giovannini aprofundará esse ponto no próximo capítulo. No entanto, os anos 1980 foram difíceis do ponto de vista financeiro por causa das restrições orçamentárias municipais vinculadas às leis estaduais de austeridade. Enquanto muitos municípios desistiram, Pistoia resistiu graças à intensa valorização do investimento na infância e na primeira infância entre seus governantes e entre aqueles que, dia após dia, "tecem" novas práticas educativas nos territórios. As ambições em relação ao atendimento à infância e à primeira infância eram altas. Havia o que se poderia chamar de "preocupação positiva", um desejo de continuar o processo de inovação para melhorar ainda mais a qualidade de vida das crianças.

Juntos para inovar

A força da experiência desenvolvida em Pistoia foi certamente ter conseguido concretizar as várias potencialidades demonstradas por creches, pré-escolas e *laboratórios Pistoiaragazzi* que se uniram e juntos mantiveram a sua tensão inovadora. Essa reflexão pedagógica em rede deu sentido às práticas em cada uma das estruturas. As creches se beneficiaram, em sua fase de expansão, das experiências das pré-escolas, ao apresentar e implementar objetivos educacionais para além dos cuidados em saúde. As pré-escolas, por seu lado, foram enriquecidas pela presença de outras iniciativas para crianças na cidade, tais como as oferecidas nos *laboratórios*.

Desde então, as diferentes estruturas educativas compartilham um conjunto de ideias e valores, os das linguagens expressivas, da narração, da dramatização, da exploração da natureza, da cidade. As conexões entre as instituições que foram, e ainda são, acompanhadas pelas coordenadoras pedagógicas e apoiadas pela pesquisa-ação são um fator decisivo para o sucesso do empreendimento coletivo e da satisfação de todos. De fato, sentir-se parte de um propósito comum, de um todo, permitiu construir uma rede vital de vizinhança e solidariedade entre os diferentes protagonistas: professores, pais, crianças pequenas e crianças maiores.

A partir de 1987: aree bambini *e novos projetos com as famílias na cidade*

As mudanças cada vez mais evidentes observadas no tecido social, como o isolamento de famílias com filhos pequenos etc., não surpreenderam a cidade de Pistoia, rica em patrimônio de experiências inovadoras em relação à infância, quando o debate sobre o tema foi aberto em nível nacional. Um simpósio foi organizado em Pistoia em 1988, por iniciativa de municípios, regiões e do Grupo Nacional, com a participação do grupo Reggio Emilia, em torno das transformações sociais e familiares e das preocupações dos pais com a educação dos filhos.

Novos espaços para crianças com suas famílias

Após a criação da *Maison Verte* em Paris, desenvolvem-se na Itália, ao lado das creches e das pré-escolas, novas instituições denominadas de "novas tipologias" (Mantovani; Musatti, 1996; Musatti; Picchio, 2005). São estruturas de educação e socialização nas quais as crianças são acompanhadas por um adulto, não profissionais da primeira infância. Foi após a criação, em Milão, do primeiro centro pais-criança, denominado *Tempo per le famiglie* (*Tempo da família*) (Anolli; Mantovani, 1987), que em Pistoia surgiu a ideia da criação das *aree bambini* (Galardini; Giovannini; Musatti, 1993) para responder às diversas necessidades familiares, oferecer mais flexibilidade e, principalmente em termos de tempo, desenhar projetos educativos mais abertos à realidade urbana.

Essas *aree bambini*, ou espaços infantis, oferecem aos mais novos e às suas famílias oportunidades de se encontrarem durante a semana (Galardini, 2007), acolhendo, também, as crianças que frequentam a escola primária como contraturno do período escolar e visando desenvolver, nesse período extracurricular, outras oportunidades significativas de socialização e construção de conhecimentos.

Em 1987, nasceu a primeira *area bambini*, não para negar as creches ou pré-escolas, mas para ampliar as formas de atendimento numa perspectiva de continuidade e evolução da reflexão em torno das crianças pequenas. Essa primeira *area bambini* será seguida por outras e, hoje, há quatro *aree bambini*, sendo duas no centro da cidade, ao lado de um jardim público (vf. anexo, figuras 4 e 5), a terceira na periferia e a quarta na região das colinas (vf. anexo, figura 6).

Cada *area*, que leva o nome de uma cor, oferece às crianças e às suas famílias, em várias salas ricamente equipadas, experiências diferentes, mas organizadas de maneiras semelhantes. A azul (*Area Blu*) é mais voltada para atividades expressivas e áreas artísticas, e a verde (*Area Verde*) para explorar o ambiente natural. A amarela (*Area Gialla*) apresenta uma ampla gama de atividades de faz de conta e contação de histórias (contos etc.). A vermelha (*Area Rossa*) oferece encontros semanais para os "*piccolissimi*" (crianças menores de 1 ano) acompanhados por uma figura familiar de referência, além de um espaço dedicado exclusivamente aos pais, para o diálogo com especialistas (pediatra, artista etc.), sendo o intercâmbio entre os pais considerado um recurso comum para enfrentar com serenidade as dificuldades que cada um pode encontrar. As *aree bambini* também incluem um espaço chamado *Casa dos Ursos*, uma espécie de creche para crianças de 18 meses.

As crianças de 3 anos podem frequentá-la duas vezes por semana, com os pais ou outros familiares, para viver experiências interativas com um grupo de parceiros da mesma idade.

Particularidades das *aree bambini*

Apesar da natureza específica dos cursos oferecidos que os pais podem escolher de acordo com suas necessidades e suas preferências educacionais e culturais, as *aree bambini* têm uma identidade comum, associada ao projeto educacional unificado de creches e pré-escolas. No entanto, devemos destacar as particularidades dessas novas instituições municipais.

Pela manhã, crianças, pequenas e maiores, vêm participar de atividades adaptadas às suas diferentes idades. Os mais velhos são acompanhados por seus professores nas oficinas em *Pistoiaragazzi* para enriquecer sua experiência escolar, enquanto os menores são recebidos nas *Casas dos Ursos*.

À tarde, grupos de crianças de idades mistas — uma experiência cada vez mais rara na vida familiar e social — podem desenvolver-se livremente e participar de determinados percursos educativos, ao longo de várias sessões. Este é o projeto "Uma tarde com…", que oferece momentos de socialização, estimulantes do ponto de vista cognitivo e recompensadores do ponto de vista afetivo, que levam a relações de solidariedade e ajuda mútua.

Professores "especialistas" e a contribuição das *aree bambini*

As equipes, nesses locais, são constituídas por professores com diferentes histórias e competências profissionais — em literatura, ciências, artes etc. —, provenientes de creches, pré-escolas e escolas de Ensino Fundamental ou oficinas territoriais e que partilham suas experiências diversas. As creches contribuíram, principalmente, com sua capacidade de assumir as relações com as famílias e a complexidade das necessidades socioemocionais das crianças. Escolas e oficinas ajudaram a projetar e organizar as atividades.

Encontrar-se nas *aree bambini*, diante de crianças de diferentes idades, fez com que as professoras tivessem de rever seu papel. Trabalhar num espaço que valoriza a dimensão educativa do brincar e da criatividade, que promove o encontro e a interação entre as crianças — não apenas suas aprendizagens escolares —, estimulou a reflexão crítica das professoras em relação às suas experiências profissionais anteriores. Tiveram de agregar, além disso, em seus processos de reflexão profissional, a concepção de crianças "protagonistas" que têm tempos e ritmos próprios, cuja presença de pares de idades distintas ajuda a reforçar.

Projetos em parceria com as famílias na cidade

A reflexão realizada em Pistoia também contribuiu, em 1996, para a criação do projeto "Cidade amiga das crianças", sobre o qual Sonia Iozzelli se debruça mais adiante em seu capítulo. Essas novas experiências realizadas pelas professoras em parceria com as famílias, por sua vez, relançaram a reflexão no âmbito local por haver expandido o campo educativo para além dos muros da escola e desenvolvido novas parcerias com museus (vf. anexo, figura 7), bibliotecas e, também, associações culturais e "empreendimentos verdes" importantes para a economia de Pistoia. Essas parcerias apoiaram a renovação de competências profissionais, fortaleceram o diálogo entre as instituições de Educação Infantil da cidade e contribuíram para que o projeto educativo destas últimas fosse enraizado mais profundamente na comunidade.

O PROJETO EDUCATIVO DE PISTOIA

Finalidades, processos e fontes

O nosso projeto educativo visa permitir que os muitos recursos de que a criança dispõe — a sua curiosidade e o seu desejo de dar sentido à realidade que a rodeia — encontrem um ambiente propício à sua realização. Considerando que as qualidades das instituições educativas podem contribuir decisivamente para o desenvolvimento das potencialidades de todos, apostamos no empenho destas em tornar as crianças mais "visíveis" por meio da valorização de suas capacidades (vf. anexo, figura 8).

A fisionomia das instituições educativas é definida no *Mapa de Estruturas*[6] (2004), que nega, de certa maneira, a sua identidade pedagógica. A pedagogia apresentada nesse documento não se apresenta como definitiva, acabada, mas "como fruto de uma elaboração contínua e compartilhada, que se estruturou ao longo do tempo, no concreto das experiências e do confronto". Com efeito, a pedagogia da primeira infância de Pistoia é uma construção constante, resultante da evolução das instituições ao longo de várias décadas. Essa coconstrução, que se mantém entre todos seus protagonistas, tem sido facilitada pelas muitas oportunidades de reflexão à disposição das equipes: partilha dos projetos entre as instituições; participação em investigações-ações-formação; contribuições nas conferências do Grupo Nacional e em outros eventos regionais, locais etc. Todas essas oportunidades permitiram melhorar e enriquecer as práticas educativas necessárias ao desenvolvimento das crianças e favoreceram a apropriação compartilhada do conhecimento teórico.

É claro que nossa abordagem pedagógica está enraizada nas ideias de Maria Montessori e das irmãs Agazzi, nas concepções de John Dewey e nas perspectivas socioconstrutivistas de Jean Piaget, Henri Wallon, Lev Vygotsky, Jerome Bruner etc. (Galardini, 2009), e continua a ser influenciada pelos resultados de pesquisas contemporâneas realizadas em diferentes disciplinas (por exemplo, o trabalho sobre o acolhimento da diversidade, desenvolvido na Universidade de Gand). Não se trata de um modelo replicável, mas de uma verdadeira "mistura" pedagógica (Mantovani, 2007b), construída em torno de algumas ideias-chave que traçam o perfil e a qualidade das instituições educativas da primeira infância em torno da transmissão do sentimento de pertencimento, da valorização das diferentes identidades, da cultura do belo e de sua realização.

Transmitir um sentimento de pertencimento

Nosso desejo primordial era o de um projeto educativo enraizado na comunidade e que transmitisse às crianças um sentimento de pertencimento. Para atingir esse objetivo, foi necessário criar alianças e, sobretudo, desenvolver o diálogo com as famílias, para permitir que as crianças cresçam em relações

---

6. Consultar Anexos em Becchi *et al.* (2009).

positivas; desenvolver uma atmosfera calorosa nas instituições educativas nas quais o acolhimento e o reconhecimento dos outros estão em primeiro plano; e estimular o sentimento de pertencimento na comunidade mais ampla por meio da familiarização das crianças com a cidade, com sua cultura e sua história, de maneira a compreenderem a continuidade entre passado e presente e a possibilidade de enriquecer o presente recorrendo a fontes do passado.

Nas propostas educativas das creches, das escolas de Educação Infantil e das *aree bambini*, foram e são recorrentes as oportunidades de apresentar às crianças os lugares significativos da nossa cidade, os seus museus, as suas igrejas, as suas praças. Para cultivar o gosto pela tradição, recorre-se, frequentemente, aos contos populares, aos provérbios e às expressões simbólicas nos quais se reencontram os fios de uma história local, restituindo às novas gerações a riqueza e a complexidade do saber.

A nossa convicção do valor, para as crianças, da relação significativa com um contexto mais amplo, foi reforçada pelo projeto "Pistoia amiga da criança" e pela procura de outras oportunidades, para que a cidade se torne um local rico de encontros e partilha de momentos de convívio, tal como as grandes festas nas praças, nos jardins e nas ruas da cidade, onde grandes e pequenos se encontram. Mencionemos o projeto *"Primizie"* ("Primeiros frutos"), "que torna visíveis a infância e as brincadeiras compartilhadas entre adultos e crianças nas ruas e praças da cidade" (Galardini, 2010). Podemos citar também o projeto *"Cacciafantastico"* ("Caça ao tesouro") no Parque Puccini (Galardini, 2011; 2013), ou, mais recentemente, no centro histórico da cidade.

Valorizando identidades

Sinais e símbolos

Outra ideia-chave foi valorizar a identidade das crianças, dos adultos e das instituições, devendo estas últimas serem lugares de vida que reflitam as características de cada um, lugares onde todos se reconhecem por meio de signos pessoais e por meio de escolhas compartilhadas (Galardini, 2003b).

Isso significou primeiro dar um nome, procurar um rosto e escolher um símbolo para cada instituição, tendo em vista o que os une e torna a infância alegremente visível na cidade: o urso, símbolo de Pistoia, modernizado pela *designer* Andrea Rauch, que acompanhou e ilustrou com talento, ternura e humor o desenvolvimento de nossa rede de Educação Infantil (Rauch, 1999).

Esse urso é representado de múltiplas maneiras, que refletem tanto a infância quanto o nosso projeto, nas placas e nos cartazes que os anunciam na cidade e na prefeitura (vf. anexo, figura 9). Um deles foi confeccionado quase em tamanho real por talentosas profissionais de creches, como Adriana Cappellini, uma de nossas cozinheiras. Outro, o enorme urso em tecido azul salpicado de manchas de tinta, está instalado no salão comum da *Area Blu* e da *creche Il Faro*, ou o grande urso de pelúcia sabiamente sentado numa velha carteira escolar no corredor do serviço de educação municipal (vf. anexo, figura 10).

Cada pré-escola, cada creche, cada laboratório tem um nome e escolheu um símbolo. Na pré-escola *La Filastrocca* (Canção de ninar) é o Mago. Fica no *hall* de entrada da escola para receber os recém-chegados, mas também se desloca para o coração da cidade para alguns eventos. Para a *Area Verde*, é a Joaninha, presente nas muitas almofadas cuidadosamente confeccionadas pelos colaboradores, e o Sapo, também representado por Andrea Rauch no belíssimo mural do *hall* 3. Eles também estão presentes na pré-escola *Mario Marini*, localizada no mesmo espaço de um dos dormitórios.

São todos objetos que apresentam especificidades e comunicam uma proposta, assim como "A dama dos livros" (vf. anexo, figura 11) — como as crianças chamam a biblioteca *Arcobaleno* (vinculada à pré-escola *La Filastrocca*) —, instalação feita de uma pilha de livros que acolhe o público da escola e do bairro. Ou, de forma mais geral, são objetos que expressam o valor do afeto, representados, por exemplo, por um pequeno coração nas almofadas, costuradas à mão, nos bancos ou cadeiras das salas ou corredores das creches e escolas (vf. anexo, figura 12).

A identidade das crianças passa pela valorização dos seus signos pessoais (por exemplo, o autorretrato). Envolve também rituais (como o reagrupamento diário oferecido às crianças) ou objetos "afetivos", por exemplo, o rato Aníbal, mascote da pré-escola *La Filastrocca*, a quem as crianças podem confiar seus segredos, suas perguntas e quem responde às mensagens deixadas em uma caixa-postal. Uma mãe costurou uma cortina que o representava (vf. anexo, figura 13) e deu-a para a escola quando seu filho já tinha ido para a escola primária. Ou ainda por meio de relacionamentos individualizados e da memória de suas experiências registradas graças à documentação regular dos pequenos e a grandes acontecimentos diários de cada um, documentação cuidadosamente estética, como Donatella Giovannini especificará mais adiante em seu capítulo.

A prática central da documentação

Para construir sua identidade, sabemos que as crianças precisam ser ouvidas e acolhidas, e é importante enfatizar o valor de um relacionamento próximo dos adultos com as crianças, que permite que estas sejam ouvidas e gentilmente observadas (vf. anexo, figuras 14 e 15). Assim, nas creches e escolas maternais, os adultos podem documentar o que elas estão vivenciando, o que estão fazendo e o que estão dizendo. A documentação tornou-se um exercício profissional cotidiano que produz um diário de bordo semanal para as famílias, mas também para as equipes, que podem analisá-lo de tempos em tempos e identificar avanços e mudanças (Di Gian Domenico; Musatti; Picchio, 2011; Di Gian Domenico; Picchio, 2013); álbuns de fotos individuais e de grupo, produzidos coletivamente e disponíveis para consulta em mesas ou prateleiras nas salas e corredores; painéis de parede (vf. anexo, figura 16), verdadeiras "paredes falantes", que dão às crianças e aos adultos, aos professores e aos pais, a oportunidade de relembrar experiências, vincular eventos, incentivar encontros e fortalecer o compartilhamento entre todas as turmas, nos corredores, nas salas de creches, nas pré-escolas e *aree bambini* (Galardini, 2009/2014).

Por meio de imagens, fotos, materiais, objetos e brinquedos, inclusive os trazidos de casa, os espaços "falam" de cada criança e com cada uma de afetos e amizade, no salão de uma escola maternal ou no refeitório das "crianças grandes".

A documentação variada e rica testemunha a atenção dada aos relacionamentos entre pessoas, sejam crianças, jovens ou idosos que encontram significado e prazer na convivência diária.

Tomemos como exemplo a história de Pegghy, da creche Lago Mago, que está amplamente documentada em suas paredes. Ela é uma cadelinha fofa que apoia as ideias, os discursos e as ações das crianças dessa instituição educacional. Pegghy vive com as crianças; ela tem seu próprio canil fora da grande casa onde as crianças das diferentes turmas vêm brincar em pequenos grupos com um educador (vf. anexo, figura 17). As crianças gostam muito dela e se revezam para levá-la para casa às sextas-feiras. Dessa forma, a vida na creche está ligada à vida familiar. As histórias pessoais das crianças nos dois ambientes se entrelaçam e dão origem a histórias compartilhadas que incentivam uma proximidade baseada na empatia por meio de modos humanos de expressão, e não no exercício de meras técnicas profissionais.

Enfatizamos essa dimensão da identidade porque uma compreensão profunda das crianças é essencial para que os adultos demonstrem interesse genuíno por elas e criem projetos educacionais que estejam o mais próximo possível de seus interesses individuais.

De fato, o sentimento de participação plena na experiência da criança não deve ser confundido com simples simpatia ou benevolência para com ela. Essa participação plena é construída ao longo do tempo, aprendida e refinada, e implica uma capacidade de observação e escuta que pode ser aprimorada por meio de documentação. Isso também implica uma atitude hospitaleira, que o desejo de acolher crianças migrantes renovou nos últimos anos, com o aumento do número de famílias estrangeiras em nossa cidade. Maria Laura Contini desenvolve esse ponto mais adiante no livro.

Proporcionando belos lugares para vivenciar

A atenção e a generosidade dos adultos para com as crianças também são evidentes no *design* dos espaços, que Donatella Giovannini analisa em mais detalhes no próximo capítulo.

Ao construir espaços "atentos" ao desenvolvimento cognitivo das crianças, procuramos fazer com que os ambientes da primeira infância sejam lugares onde a experiência e o desenvolvimento da experiência possam ocorrer, lugares capazes de promover e apoiar o aprendizado, despertar a curiosidade e promover um senso de pertencimento.

Em nosso projeto, a professora não está transmitindo conhecimento, ela está proporcionando as condições para o conhecimento, criando tempos e espaços significativos. A criação de espaços com características que incentivem não apenas o conhecimento, mas também o bem-estar, os relacionamentos e a ação compartilhada entre crianças e adultos tem sido e continua sendo o núcleo essencial do pensamento educacional nas estruturas educacionais de Pistoia.

Creches, escolas maternais e *aree bambini* são lugares onde se pode "fazer". Os olhos, as mãos e os gestos das crianças são atraídos para eles com o objetivo de educar suas mentes, não apenas para conhecer o mundo, mas também para transformá-lo, para construir significado por meio da criatividade, das emoções e da riqueza do possível. Esses são lugares de experiências ricas, contínuas e significativas para o grupo de crianças e adultos.

Lugares evocativos, legíveis e generosos

Em seu comentário sobre a exposição "La qualité cultivée" ("A qualidade cultivada"), que em 1996 devolveu à cidade seu projeto educacional para as escolas maternais da cidade, Anna Bondioli definiu os espaços em nossas estruturas como evocativos, legíveis e generosos. Evocativos porque são capazes de apoiar e estimular a imaginação das crianças, e generosos devido à sua atenção aos detalhes.

Por exemplo, sob o miniplanetário na *Area Verde*, as crianças da escola maternal Marino Marini, que fica ao lado, podem explorar as estrelas e a mitologia, assim como as outras crianças que participam das trilhas de várias sessões oferecidas nas oficinas de "natureza", usando toda uma gama de ferramentas científicas construídas ao longo dos anos. Aqui, como em outros lugares, os espaços são legíveis porque são previsíveis, compreensíveis, cheios de significado, e capazes de convidar as crianças a se organizarem por meio de brincadeiras, atividade e exploração. Com sugestões facilmente acessíveis e uma abordagem generosa de ensino que sabe como sugerir, organizar e animar.

Lugares bonitos que...

O espaço educacional também é um espaço "amigável", bonito e bem cuidado, capaz de testemunhar, por meio de seu *layout* e documentação, a importância da infância. O bem-estar sentido em um espaço bonito torna todos mais abertos à comunicação e à exploração. A atenção dada à qualidade estética revela nossa intenção de criar uma atmosfera agradável que apoie o desenvolvimento de comportamentos e ações positivas, um clima social que incentive relacionamentos amorosos e respeitosos com as coisas e com os outros. Ao apreciar e compartilhar coisas bonitas, as crianças podem, por sua vez, criar outras coisas bonitas que os adultos podem exibir, aumentando a beleza do lugar.

O ambiente faz mais do que simplesmente "conter" eventos educacionais; ele é parte integrante do processo educacional. Um espaço nunca é um "contêiner" neutro; ele expressa mensagens, ideias e valores. Ele pode ser uma fonte de restrições, bem como de oportunidades criativas para aqueles que vivem nele ou passam por ele.

O espaço educacional reflete a representação da criança por aqueles que trabalham nele. Para uma criança que, em nossa opinião, tem a capacidade de aprender, explorar e imaginar, não podemos oferecer um espaço que não tenha objetos nem atenção, um espaço que seja mudo e opaco. Portanto, é uma questão de criar algo bonito (o que não significa caro), garantindo que a dimensão estética dos ambientes seja mantida para apoiar e dar significado às experiências cotidianas.

Isso supõe não apenas criatividade pedagógica, mas também cultural e social; é uma parte importante do trabalho realizado pelos professores em todos os estabelecimentos de ensino, onde as máquinas de costura e o talento de profissionais e avós têm lugar de destaque, produzindo criações maravilhosas...

Apoio à realização dos adultos

Um aspecto importante de nossa história é que nossos centros de Educação Infantil são concebidos e projetados para o bem-estar de todos, não apenas das crianças. Nosso objetivo não tem sido somente entender e interpretar as necessidades das crianças, mas também apoiar os adultos que trabalham com elas. Assim como elas, eles precisam e querem "crescer". Todos têm direito a isso. Essa atenção nos levou a valorizar as energias intelectuais e emocionais dos professores, sem nos limitarmos a cultivar suas habilidades psicopedagógicas em relação à primeira infância. Desse modo, temos nos valido constantemente do conhecimento original e da criatividade dos próprios indivíduos. Assim, aqueles que gostam de arte, aqueles que têm um profundo amor pela natureza, aqueles que têm uma predileção pela leitura foram incentivados em seus interesses, conhecimentos e *know-how*, e considerados recursos preciosos, especialmente quando se trata de assumir a responsabilidade pelos laboratórios. Essa interpretação ampla do trabalho educacional em creches e pré-escolas permite que os professores das *aree bambini* compartilhem suas paixões individuais.

É nessa interpretação que Egle Becchi se concentra quando associa a força pedagógica das instalações para a primeira infância de Pistoia a uma "pedagogia do bom gosto". Um bom gosto que reside na busca pela qualidade estética dos lugares e em "uma pedagogia de realização e conclusão", documentando-a: "A prática não é oculta nem privada, e pode ser apreciada por aqueles que participam dela e por aqueles que assistem a ela, envolvendo tanto atores quanto espectadores, sem distinção de papéis" (Becchi *et al.*, 2009, p. 172). Essa pedagogia da realização se aproxima da experiência estética que promove o despertar, na medida em que enriquece aqueles que participam dela. Tanto para crianças quanto para adultos, participar dessas experiências significa exercitar novas capacidades, agindo de forma recíproca "[...] em situações em que a prática é gratificante e em que o que é aprendido é benéfico" (p. 173).

COORDENAÇÃO EDUCACIONAL PARA UM SISTEMA COMPETENTE

Coerência e abertura

As estruturas de Educação Infantil de Pistoia formam um sistema dentro da cidade. Essa é uma característica importante. Como mencionado anteriormente, as creches, escolas maternais e outras instalações que enriqueceram a oferta educacional não se desenvolveram isoladamente, mas como uma rede, cientes de que fazem parte de um todo e são capazes de dar substância a um projeto comum.

A equipe de coordenação municipal deu muita atenção ao estabelecimento e à manutenção de vínculos entre as estruturas educacionais, e à abertura para realidades externas, tanto italianas quanto internacionais. Essas relações entre as estruturas, dentro das próprias estruturas e com o mundo exterior, requerem a ação de um órgão que as apoie e nutra, de uma gestão municipal forte e reconhecida.

O Departamento de Educação e Treinamento, cujo mandato foi ampliado em 1996 para abranger todos os serviços pessoais, garantiu a consistência entre as dimensões educacional e organizacional. Ele desempenhou um papel fundamental na formação da cultura de nossas crianças, fazendo escolhas apropriadas sobre a maneira como opera o projeto educacional.

Todos protagonistas!

Nesse serviço, a equipe de coordenação tem trabalhado ao lado das estruturas educacionais, reunindo as habilidades de cada uma, apoiando o espírito de colaboração e promovendo relacionamentos profissionais e humanos. Desde a década de 1970, essa abordagem colegiada nunca foi alterada. O resultado é um alto nível de motivação e entusiasmo nas equipes, alimentado pela sensação de fazer parte de um projeto no qual todos se sentiram e continuam se sentindo protagonistas, enriquecidos em sua identidade profissional, mas, acima de tudo, pessoal.

De fato, junto ao incentivo constante para compartilhar, houve um encorajamento pessoal para que cada um trouxesse para as estruturas o valor da individualidade e dos recursos de cada um, a fim de nutrir a qualidade educacional graças à subjetividade da pessoa. Como resultado, cada creche e escola maternal, embora compartilhem a mesma ideia de infância e educação, têm suas próprias singularidades que refletem a sensibilidade e o estilo das pessoas que trabalham lá. A identidade única de cada estabelecimento é uma prova do forte envolvimento de todos, adultos e crianças, no projeto educacional.

Dessa forma, os centros de Educação Infantil se dão os meios para serem pequenas comunidades que, por sua vez, estão atentas às relações humanas e à riqueza de cada indivíduo. Eles evoluem, assim como seus membros, mantendo os traços distintivos de sua individualidade. E fazem isso com o desejo de colocar não apenas as crianças, mas também os adultos, profissionais e familiares, e seus relacionamentos, no centro do processo educacional.

Embora a gestão pública tenha proporcionado uma estrutura decisiva para o desenvolvimento da cultura de nossas crianças, foi o confronto entre todos os atores envolvidos com as crianças que possibilitou o desenvolvimento constante das experiências e condições do processo educacional, o que melhorou gradualmente a qualidade educacional de nossas instituições.

2

Espaço e cultura material

Donatella Giovannini

> *A psicologia do desenvolvimento enfatizou o grau em que o apego emocional de uma criança aos lugares que conheceu ao longo do tempo forma uma parte significativa de sua identidade, em continuidade com seu apego às pessoas.*
>
> (Winnicott, *Babies and their mothers*)

O VALOR DO ESPAÇO

Falar sobre, explicar e defender a qualidade contribui para atingi-la, para alcançá-la e para melhorá-la, começando pela qualidade do espaço.

Uma "cultura do hábitat"

A atenção ao valor do espaço é uma "marca registrada" das estruturas educacionais de Pistoia, dos *nidi* às *scuole dell'infanzia*, dos laboratórios às *aree bambini*. Essa atenção sintetiza um modo de pensar e uma linguagem, habilidades e sensibilidades que inauguraram uma "cultura do hábitat" para ambientes das crianças (Becchi *et al.*, 2009).

Refletir sobre o espaço na educação de crianças é parte da abordagem ecológica de Urie Bronfenbrenner (1979; 1989; 1993). Origina-se em um processo de reflexão baseado no confronto de diferentes disciplinas (psicologia, pedagogia, ecologia, estética etc.), com base em uma "leitura" das necessidades das crianças e dos adultos que vivem juntos nessas instituições. Foi um processo longo e complexo, resultado de um trabalho compartilhado e apoiado com convicção e paixão pelos fundadores das estruturas municipais e pela gerência do departamento ao qual eles pertencem (Galardini, 2003c; 2003a).

É certamente uma rota fora do comum, realizada em um contexto de indiferença aos lugares onde nossas ações acontecem. Há até quem defenda que as principais experiências de nossas vidas não têm relação com os espaços, que podemos comer, encontrar, sofrer e educar a qualquer hora e em qualquer lugar, porque tudo depende do indivíduo e de sua capacidade de se comportar adequadamente (La Cecla, 2005). A pedagogia, em particular, paradoxalmente, ignorou por muito tempo o valor do ambiente, e favoreceu a centralidade e a exclusividade da figura do professor no processo educacional. Essa centralidade tem sobrecarregado o professor com um grande peso e nos ofereceu uma escola transmissiva, incapaz de reconhecer que o bem-estar e o aprendizado das crianças dependem, antes de tudo, da criação de contextos físicos e relacionais que sejam material e humanamente significativos.

Espaços que "falam"

No entanto, vários educadores enfatizaram a importância do espaço, em particular Loris Malaguzzi (1993), que o descreve como o "terceiro educador" da criança, capaz de apoiar a capacidade dela de se relacionar com o mundo, conhecê-lo, torná-lo seu e transformá-lo. A pesquisa realizada nas instituições de Pistoia demonstrou isso claramente (Musatti; Mayer, 2011). O espaço não é, portanto, um "contêiner" amorfo, como Anna Lia Galardini apontou no início deste livro; é um contexto que permite ou impede, solicita ou censura, educa o olhar e a sensibilidade de uma forma ou de outra, estimula o pensamento uniforme e convencional ou a criatividade, promove um clima de bem-estar ou não, constitui um local de apoio emocional ou comunica indiferença. O *design* do espaço sempre reflete o que queremos que ele expresse: nossa visão da criança, do aprendizado, do berçário, da escola, do relacionamento com as famílias, do relacionamento com os colegas etc.

Queríamos traduzir concretamente nossas ideias e sensibilidades, nosso conhecimento e nossas emoções sobre as crianças e nossos valores sobre a primeira infância, com locais que "falassem" da importância das crianças e da convivência em uma comunidade de crianças e adultos, profissionais e pais. Lugares que demonstram as habilidades cognitivas e sociais das crianças, suas amizades, sua curiosidade, suas brincadeiras com o que é possível.

Inventando outros espaços que ouvem as crianças

O valor do espaço e seu impacto em nosso comportamento, atitudes e sentimentos foram compreendidos intuitivamente desde o início, quando nos deparamos com as dificuldades e limitações dos lugares tradicionais disponíveis na época: salas grandes que não eram equipadas para atividades específicas, nem projetadas para serem agradáveis para crianças e adultos; salas anônimas cheias de objetos de plástico, brinquedos comerciais e equipamentos que não eram muito adequados para crianças. Eram anônimas, cheias de objetos de plástico, brinquedos comerciais e materiais que pouco estimulavam a imaginação. Esses locais não correspondiam às nossas imagens de crianças e estruturas educacionais...

As próprias crianças às vezes deixavam isso claro para nós, graças ao vínculo emocional que as une ao espaço com muito mais intensidade do que os adultos. Constatamos que elas se envolvem mais em um jogo quando o espaço é organizado de acordo com as diferentes atividades oferecidas, e quando é guarnecido com objetos e móveis que atraem seu interesse e participação. Assim, as crianças adotam um comportamento mais estruturado, suas atividades são mais desenvolvidas e seus relacionamentos são melhores: elas cooperam mais e demonstram muita bondade umas com as outras, reduzindo os conflitos e a agressividade.

As crianças são altamente sensíveis, vivenciando o espaço com todo o corpo e dando-lhe significado por meio de cheiros, sons e estímulos visuais que ele oferece, conforme demonstrado por pesquisas contemporâneas sobre a psicologia da primeira infância. Elas também são grandes criadoras de espaços imaginários e reais em ambientes educacionais ou ao ar livre. Toda uma cultura infantil é mantida ali, que pode ser transmitida de um ano para o outro entre grupos de crianças (Musatti, 1983; Musatti; Mayer, 1990). Alguns elementos e objetos são tudo de que elas precisam para encenar uma grande variedade de situações e paisagens. Elas gostam de se mover, empilhar e acrescentar, criando novas geografias espaciais que usam sozinhas ou em grupos, tanto nos *nidi* quanto nas *scuole dell'infanzia*, fazendo uso não convencional do espaço: o chão, os degraus, as soleiras, as bordas formadas por móveis e a luz do sol que entra pelas janelas muitas vezes se tornam superfícies de trabalho, áreas de reunião, superfícies modulares e transformáveis que se abrem para múltiplas possibilidades de exploração e brincadeira (Giovannini, 2011).

Compartilhando um senso de pertencimento

O quadro teórico mencionado anteriormente reforçou nosso desejo de construir nas crianças e nos adultos um senso de pertencimento ao local onde são acolhidos ou onde trabalham. Esse sentimento é fundamental porque promove a participação e a responsabilidade em relação a esse lugar.

Para promover esse sentimento, ao longo dos anos, procuramos projetar espaços de qualidade, definindo-os em termos de nossos objetivos e escolhas educacionais e dos valores que os sustentam. Identidade, relacionamentos, conhecimento, estética, memória, criatividade e, também, um senso de pertencimento impregnam nossa reflexão sobre a organização dos espaços e sobre a reforma de nossos espaços educativos. Esses espaços nasceram de uma maneira "não homológica" de pensar que visava torná-los lugares "agradáveis", lugares onde a história pessoal e coletiva gera um vínculo emocional e um senso de pertencimento, lugares que podem apoiar uma riqueza de imaginação, percepções e conhecimento.

ESPAÇOS ÚNICOS: CONTINUIDADE DAS EXPERIÊNCIAS PESSOAIS E INTERPESSOAIS

Parafraseando Tolstói, que disse que todas as famílias felizes são iguais, mas cada família infeliz é infeliz à sua maneira, poderíamos dizer que, ao contrário, as estruturas educacionais de baixa qualidade são todas iguais, mas as estruturas educacionais de qualidade são diversas. Nesse sentido, a qualidade é o que as torna especiais, únicas. É o que dá a cada estabelecimento educacional sua própria fisionomia, sua própria identidade. Os locais destinados às crianças foram, portanto, projetados como espaços únicos. Nada de conformismo ou produção em massa para esses espaços incomuns! Eles não foram projetados a partir de um catálogo, mas são o resultado de uma busca original por móveis, objetos e soluções que criam emoção e surpresa.

Objetos, professores e famílias

Os objetos contribuem para tornar cada estrutura educacional única. Alguns foram feitos pelos próprios professores. Esse é o caso dos tapetes e almofadas originais, com suas texturas agradáveis e padrões fantásticos, na biblioteca localizada no mezanino da escola maternal *Il Melograno*. Há também grandes painéis de tecido colorido, molduras, tocas para se esconder, caixas com surpresas, objetos familiares em miniatura, personagens de livros de histórias, terrários, pequenos jardins *zen*, instalações e assim por diante.

Outros são fruto de uma divertida e criteriosa busca em mercados de pulgas ou nos sótãos das pessoas, e assim por diante. Descobrir objetos e móveis que podem receber uma nova vida tornou-se um talento especial dos professores, enriquecendo a maneira como eles projetam os espaços para as crianças. Foi assim que aparadores antigos restaurados, poltronas estofadas novas e uma variedade de cadeiras foram parar em creches e escolas maternais, também de famílias...

No saguão da creche *Il Faro*, um maravilhoso "sofá para ler histórias" foi criado com a ajuda dos pais (vf. anexo, figura 18), bem como uma "mesa de histórias" sob a qual as crianças podem ouvir histórias, amontoadas (vf. anexo, figura 19).

Outras peças de mobiliário foram feitas por artesãos locais a nosso pedido: púlpitos na altura das crianças, degraus de várias alturas e tamanhos, cabines de espelho para brincar com seu reflexo, grandes carros de madeira etc.

Lugares com alma

Embora compartilhe os mesmos valores que as outras instalações em Pistoia, cada *nido, scuola dell'infanzia* ou *area bambini* é único porque, como uma casa, reflete sua própria sensibilidade e testemunha a vida de seus habitantes: crianças, professores e famílias. Cada edifício é diferente dos outros — optou-se por não usar modelos arquitetônicos padronizados —, e queríamos personalizar o mobiliário e a decoração de cada estrutura educacional. As equipes que lá trabalham, assim como os familiares, enriqueceram esses locais com sua criatividade, sensibilidade e habilidades manuais.

No processo, uma "alma do lugar" (Hillman, 2004) foi gradualmente tecida, preservando-a do destino de muitas estruturas da primeira infância: o de se institucionalizar por meio da cristalização e do desgaste do tempo ou, ao contrário, o de "começar do zero" a cada ano porque não são amadas o suficiente, não criaram raízes e, acima de tudo, não foram escolhidas e construídas pelo grupo de adultos.

"Uma casa que, ao longo dos anos, foi iluminada e aquecida pela chama de muitas vidas, e que foi amada por aqueles que nela viveram, mantém um reflexo duradouro dessa luz e desse calor, uma espécie de brilho interior que permeia as paredes e transparece nas coisas" (De Marchi, 1998, p. 46). Essa citação aparece em um grande painel em uma creche que conta a história curta, mas intensa, das famílias que vivem lá. Ela é um testemunho do senso de pertencimento e apego das pessoas que vivem ali.

Sinais e rastros

O espaço em uma instituição educacional reflete a identidade de seus "habitantes". Isso significa que as crianças devem encontrar sinais e traços de sua história no espaço e, em especial, na sala onde passam os dias com seu grupo, o que as ajudará e se lembrar dos eventos que ocorrem em seu local de acolhimento.

Objetos e "tesouros"

O fato de os professores cuidarem muito bem do que pertence a cada criança, do que é "meu", e isso vai muito além das figuras de afeto e das chupetas, ajuda a criança a perceber que esse espaço reconhece sua identidade e é um lugar amigável. Portanto, trata-se de enriquecer o espaço com objetos que alimentam as histórias individuais das crianças, objetos que transitam entre a casa e as instituições.

Esse é o caso dos "tesouros da casa". Quais são eles? Em todas as creches, escolas maternais e *Maisons des Ours* (Casas dos Ursos) das *aree bambini*, as crianças têm suas próprias caixas pessoais nas quais podem deixar, pela manhã, os pequenos objetos importantes que trazem de casa: um brinquedinho, uma pena, um ramo de alecrim etc. Por que elas fazem isso? Porque esses objetos têm uma história por trás deles. As caixas das crianças são cuidadosamente guardadas com os pais em um pequeno armário no vestiário das crianças na creche *Lago Mago* (vf. anexo, figura 20), em prateleiras na Casa dos Ursos na *Area Rossa*, ou nas salas da creche *Il Faro*, ou em um armário no final do corredor em uma sala de aula na creche *La Filastrocca*; elas permanecem visíveis e acessíveis. As crianças podem usá-las sempre que quiserem durante o dia, proporcionando uma oportunidade de conversarem entre si ou com adultos.

São caixas de papelão simples, caixas de sapato decoradas e personalizadas (pintadas, cobertas com colagens etc.) pelas próprias crianças e/ou seus pais quando chegam no início do ano: um momento adorável de atividade compartilhada, com o objetivo de nutrir, juntos, a transição entre os dois mundos das crianças, a família e a instituição educativa por onde as crianças transitam diariamente (Rayna; Garnier, 2017).

São, também, as "caixas das férias" que as crianças levam consigo nas férias de verão para guardar todos os pequenos objetos que descobrem com suas famílias ou amigos enquanto caminham na praia, no bosque ou nas montanhas (pedrinhas, conchas, folhas, uma colher de sorvete, ingressos de cinema ou do parque de diversões). Na volta às aulas, esses "tesouros" serão revelados. Mostrados orgulhosamente aos colegas de turma, eles são a fonte de muitas anedotas, explicações e comentários... É um momento intenso de compartilhamento que reforça o sentimento de continuidade na experiência das crianças, graças à abertura das instalações educativas para o mundo das famílias, graças ao acolhimento desses "tesouros" vindos de fora. Essas caixas de férias, das quais as crianças tanto falam, também encontram seu lugar nas instituições. Elas permanecem visíveis e podem ser colocadas em cena, empilhadas embaixo de uma escada, por exemplo, mas também presentes na documentação de parede com uma seleção de fotos de crianças imersas na descoberta mútua de seus "tesouros".

Outros objetos importantes podem ser vistos nas salas: os álbuns pessoais das crianças, criados com seus pais. Eles são testemunhas de momentos da vida familiar. As crianças podem consultá-los ao longo do dia. Elas gostam de compartilhá-los umas com as outras. Essa "leitura" geralmente leva a longas discussões sobre este ou aquele momento ou detalhe importante para elas. As crianças também têm sacolinhas personalizadas, também feitas com os familiares, onde podem colocar os livros emprestados. Elas também têm caixas pessoais onde os professores guardam seus desenhos.

Imagens e palavras: documentação da parede

Os traços e sinais que testemunham a identidade dos "habitantes" das instalações também podem ser encontrados nas fotos: não apenas as fotos de família no álbum pessoal de cada criança, mas também aquelas cuidadosamente exibidas na documentação de parede, que relembram momentos importantes vividos juntos na turma. As palavras das próprias crianças também são exibidas, expressando seus pensamentos e emoções durante ou sobre uma determinada experiência.

Nas paredes, esses painéis documentam a vida das crianças na creche ou na escola maternal usando as imagens mais reveladoras, acompanhadas de suas palavras. Em uma das creches, os professores registraram os pensamentos das crianças sobre o significado de "estou crescido", acompanhando as fotos afixadas ao longo da escada que leva à turma dos "grandes".

Em painéis bem grandes, os professores de uma escola maternal transcreveram as ideias das crianças sobre amizade, destacando os diferentes significados que elas atribuem a ela. Em uma creche, os professores documentam a "primeira vez" das crianças: a primeira carícia, o primeiro abraço... Em todos os equipamentos, é possível ler o que as crianças pensam sobre o que fazem e descobrem nas diferentes áreas de brincadeira, com muita poesia e perspicácia! Sombras e luz, por exemplo.

ESPAÇOS QUE CRIAM UM CLIMA SOCIAL RICO

Os professores trabalham arduamente para garantir que a presença de cada criança deixe uma forte marca nos espaços, que estão em constante mudança e são enriquecidos pelas histórias daqueles que, por sua vez, os habitam. O resultado é uma atmosfera de interação intensa entre as próprias crianças e os adultos. O espaço está provando ser um poderoso organizador da vida social e do desenvolvimento da sociabilidade das crianças, conforme demonstram as pesquisas em ecopsicologia. Descobrimos que encontros repetidos em locais projetados para facilitar a atenção mútua abrem novas possibilidades de comunicação. Em nossa opinião, os espaços podem e devem permitir o desenvolvimento de toda uma gama de situações sociais, com locais onde as pessoas possam ficar sozinhas, brincar juntas ou participar de encontros de convivência em grupos pequenos ou grandes.

Praças e avenidas

Na próxima seção, descreveremos com mais detalhes as salas de estar das crianças, onde ocorrem os encontros cognitivos e sociais. Vamos nos concentrar aqui nos locais de "trânsito" aos quais damos grande importância: saguões, entradas, corredores e escadas que as crianças e os pais usam todos os dias para entrar em seus grupos ou sair deles. Para nós, são verdadeiras "*piazze*" (praças) onde você pode se encontrar, como as da nossa cidade, ou "grandes avenidas" para passear. São espaços sociais importantes porque os projetamos para oferecer oportunidades de brincadeiras (vf. anexo, figura 21), onde é agradável se encontrar, e que contêm, como as salas de estar das crianças, vestígios de suas atividades.

Por exemplo, na entrada da bela biblioteca, concebida e operada com a participação das crianças, que se conecta com a escola infantil *La Filastrocca*, pequenas cadeiras e uma mesa de vime convidam as crianças a parar por um momento (vf. anexo, figura 22), e o mesmo ocorre com as belas poltronas, cadeiras e sofás para adultos, comprados ou personalizados com bom gosto pelas equipes, que alegram as entradas e passagens de todas as creches, escolas infantis e *aree bambini*. Sem mencionar os móveis elegantes, todos diferentes e mutáveis, que combinam móveis da creche (muitas vezes redesenhados com os pais), presentes das famílias (guarda-roupas etc.) e criações artísticas de oficinas com pais e filhos na *Area Blu* (vf. anexo, figura 23). As escadarias e os corredores das creches e escolas maternais não são impessoais, não são apenas locais de passagem, mas também convidam ao diálogo — entre crianças e pais ou professores, entre crianças, entre pais e professores —, graças à série de retratos de crianças ou fotos de seus pés expostos de forma atraente nas paredes e aos objetos disponíveis em pequenos expositores à altura das crianças, doados ou emprestados pelas famílias: um par de chinelos tamanho infantil e outros calçados, e tantas outras coisas pensadas pelos professores...

Poder aconchegar-se

Acreditamos que espaços pequenos que permitem que as crianças façam grandes descobertas facilitam o encontro com outras crianças, fora da vista dos adultos. Nessa geografia de espaços educacionais, queríamos preservar a dimensão da intimidade, com espaços "privados" que incentivam as crianças a brincar "separadamente", permitindo que elas façam parte do grupo enquanto desfrutam de momentos de pausa no ritmo geral. Portanto, nas creches e escolas maternais, criamos casinhas, esconderijos, cabanas, plataformas, carros grandes etc., onde as relações entre as crianças podem florescer. Essas são oportunidades de aprendizado social e cognitivo enquanto elas brincam. Nesses espaços tranquilizadores, a intensidade da comunicação reforça o compartilhamento caloroso entre as crianças, ajudando-as a entender umas às outras e, portanto, a brincar melhor juntas. Esses são lugares onde você quer se aconchegar: "Somente aqueles que foram capazes de se aconchegar moram com intensidade" (Bachelard, 1957, p. 29)...

Entrar no mundo dos sonhos

O planejamento cuidadoso do espaço é importante para todos os momentos do dia, não apenas para a hora de brincar. Os momentos de cuidado e rotina são igualmente cruciais para a vida social. É por isso que sempre atribuímos grande importância à organização dos dormitórios, por exemplo. Na hora da sesta, os bebês dormem em "ninhos" de vime, que cada creche personaliza de acordo com seu próprio gosto (vf. anexo, figura 24). Durante o dia, eles também podem cochilar em redes sob o olhar atento das professoras nas turmas de bebês: uma forma de tranquilizar muitos daqueles cujas práticas familiares são diferentes das nossas (vf. anexo, figura 25). Para as crianças mais velhas, as creches estão repletas de imaginação: cortinas discretas, estrelas ou luas luminosas na parede e outros toques para ajudá-las a entrar suavemente no mundo dos sonhos e, antes disso, a compartilhar momentos maravilhosos de leitura e de união com um adulto ou outra criança.

No banheiro e nos locais de refeição

Os banheiros e lavabos são áreas sociais importantes, conforme evidenciado pela documentação nas paredes. Os professores também fizeram um belo trabalho nas instalações. As cores mudam de uma estrutura para outra, mas pequenas cadeiras, um urso ou uma boneca, conchas etc. podem ser encontrados de uma para outra; e uma variedade de lindos álbuns está disponível para as crianças (vf. anexo, figura 26).

Durante as refeições feitas em pequenos grupos, na creche com as professoras, as crianças degustam produtos toscanos em pratos de porcelana, colocados sobre toalhas de mesa, com um pequeno vaso no meio com flores ou folhagens, dependendo da estação... Ao lado de duas mesas há uma pequena mesa para dois, para as crianças que desejam almoçar com um amigo. O mesmo princípio se aplica à escola maternal, em que a "mesa dos amigos" pode ser tão grande quanto as outras duas, onde as duas professoras da turma almoçam com um grupo de crianças (vf. anexo, figura 27). Todos esses detalhes contribuem para o convívio desse momento: não há pressa, as discussões fazem parte do momento, e a colaboração e a ajuda mútua também estão ocorrendo.

ESPAÇOS DE APRENDIZAGEM

Ambientes bem pensados e repensados

O esforço empreendido na criação de ambientes de convivência para incentivar o desenvolvimento das múltiplas habilidades das crianças significa que as instalações educacionais estão se tornando locais importantes para relacionamentos, descobertas e aprendizagem. Sabendo que há uma estreita relação entre o *layout* do espaço e a qualidade do aprendizado (Musatti, 1988; 1997), é óbvio que precisamos garantir que as crianças tenham ambientes que satisfaçam sua curiosidade e que sejam propícios ao seu desenvolvimento.

Os ambientes que satisfazem sua curiosidade incentivam a exploração, a cooperação e a compreensão mútua, e apoiam sua motivação para aprender. Para nós, trata-se de incentivar o prazer de aprender e desenvolver o gosto pelo novo, bem como sua capacidade de enfrentar dificuldades e organizar suas próprias ações.

É por isso que propostas educativas são criadas em locais precisos, estáveis e bem equipados, e não são resultado de improvisação. Eles são pensados e repensados de forma que sejam acessíveis a todos e despertem o desejo de participar. O objetivo é encontrar uma organização espacial criteriosa nas diferentes estruturas e em cada sala, e garantir a qualidade e a quantidade de material que sugira vários caminhos para o jogo e a experimentação; tudo isso enquanto se elimina tudo o que é inútil ou supérfluo (Giovannini, 1996; 2003a; 2003b; 2011; 2014).

Exemplos

Vamos dar uma olhada em algumas dessas áreas, organizadas nas salas de estar que as crianças podem escolher usar, geralmente, na presença de um adulto atento e envolvido. Há, por exemplo, pequenas oficinas de leitura de livros, onde elas se sentem em casa. Essas oficinas de leitura são diferentes de uma estrutura educacional para outra, mas em todos os lugares há sofás confortáveis, almofadas macias, tapetes coloridos, estantes acessíveis, belos álbuns cuidadosamente encenados, acompanhados por personagens para brincar — fantoches, animais ou personagens feitos de tecido, pelúcia ou outros materiais, comprados, doados ou, na maioria das vezes, feitos na hora —, que os tornam suficientemente atraentes para convidar as crianças a passar longos momentos ouvindo e "lendo" (vf. anexo, figuras 28, 29 e 30).

Há também áreas especiais permanentemente montadas para o manuseio da areia em grandes mesas de areia com conchas, seixos trazidos pelas crianças ou coletados com elas do lado de fora, e todos os tipos de utensílios para esvaziar, encher e transvazar. As crianças das creches brincam sem parar por ali... (vf. anexo, figura 31).

Para jogos de faz de conta, esses espaços são sempre muito grandes, como as áreas da cozinha ou do quarto nas creches, com equipamentos muito grandes para que os professores possam participar das brincadeiras das crianças, e equipamentos suficientes, principalmente de madeira e tecido (vf. anexo, figura 32). Ou as três salas dos ursos na *Area Rossa* e na *Area Gialla* (vf. anexo, figura 33), que também são muito bem equipadas para apoiar a imaginação criativa das crianças.

Pequenos espelhos, mesas de luz e retroprojetores são colocados em vários locais estratégicos ao redor do berçário para explorar a luz e a sombra. As crianças têm à sua disposição uma grande variedade de objetos transparentes, coloridos, de plástico e de metal: pedrinhas, discos, garrafas, correntes etc., que provocam admiração e indagações enquanto frequentam a creche (vf. anexo, figura 34) ou em vários projetos na escola maternal.

Para as atividades de construção, há grandes áreas com plataformas e blocos de madeira que as crianças podem montar como quiserem, exercitando seu talento como arquitetos iniciantes enquanto constroem suas esculturas e monumentos (vf. anexo, figura 35).

Materiais extraordinários

Para pintura, teatro, movimento, confecção etc., os espaços são pensados com o mesmo cuidado, sejam eles áreas de convivência ou áreas dedicadas a atividades específicas. Os materiais oferecidos combinam o natural (folhas, galhos, pinhas etc., além de vegetais para brincar de loja) e o manufaturado — canos, parafusos, porcas, escorredores etc., comprados em lojas de ferragens. Esse material — comprado, recuperado, doado, sempre cuidadosamente separado e classificado, depois exposto em prateleiras de móveis em creches, escolas maternais e *aree bambini* — é um convite para se organizar em brincadeiras, para experimentar o prazer de imaginar, inventar e aprender em um ambiente compartilhado, sem ser obrigado a fazer a mesma coisa todos juntos ao mesmo tempo. E tudo isso é possível graças a um fluxo fluido entre as oficinas e a uma sólida coordenação entre os professores.

Esses materiais, especialmente selecionados e montados para que as crianças possam manipular, combinar, transformar e criar juntas, geralmente não estão disponíveis em casa. Há pouco lugar para eles em creches e pré-escolas comuns, onde objetos e brinquedos de plástico e materiais estruturados dominam, privando as crianças da alegria das experiências sensoriais e cognitivas — já bem ilustradas pelas equipes de Reggio Emilia —, cujas riqueza e variedade de materiais o mundo tem a oferecer.

As crianças ficam intensamente envolvidas e concentradas ao entrarem na descoberta tátil, visual, olfativa e acústica desses objetos a serem tocados, descobertos e explorados. Para que isso aconteça, e com total segurança, é necessário que haja uma seleção apropriada de materiais e uma disposição clara e ordenada dos objetos, que estejam arrumados e acessíveis para as crianças verem: uma tarefa que os professores levam muito a sério. Esse tipo de arranjo espacial exige vigilância constante; os professores cuidam do equipamento e removem qualquer bagunça. A atenção a esses objetos, às vezes frágeis, também é uma forma de respeito pelas crianças que, junto a seus pais, trazem para a creche ou escola maternal grande parte desses tesouros que alimentam e enriquecem o interesse, a imaginação e o conhecimento das outras crianças. E, é claro, as crianças estão sempre em pequenos grupos, acompanhadas de perto pelo professor (vf. anexo, figura 36).

ESPAÇOS ESTÉTICOS

Bem-estar e pesquisa estética

O espaço é evocativo, desperta emoções; queríamos explorar nosso lado emocional ao projetá-lo e pensar nele, não apenas para as crianças, mas também para os pais e funcionários. É por isso que buscamos e continuamos a buscar a qualidade estética para nossas instalações, combinando requisitos funcionais e emocionais (vf. anexo, figuras 37 e 38).

Em um lugar bonito, você se sente bem e, se você se sente bem, à vontade, fica mais disponível para se relacionar com os outros (Ceppi; Zini, 2008), quer explorar o material "apetitoso" oferecido com mais avidez. Para criar uma sensação de qualidade estética, cada espaço é projetado e organizado em todos os lugares com a mesma atenção aos detalhes, a mesma busca de significado e a ideia de oferecer às crianças oportunidades para brincar, sonhar acordadas ou fazer uma pausa, além de incentivá-las a se movimentar com total segurança e familiaridade.

A qualidade estética cria uma atmosfera agradável na qual se desenvolvem não apenas um comportamento amigável, mas também o gosto pela beleza. É por isso que fornecemos às crianças materiais bonitos e atraentes que estimulam a imaginação, bem como mobiliário de armazenamento e exibição para seus trabalhos, que testemunham não somente sua participação, mas também sua pesquisa estética.

Feito em casa

O valor que atribuímos à cultura material e à sua beleza se reflete na importância que damos à criatividade "artesanal" dos profissionais que constroem e embelezam nossos espaços, juntando as mãos e a cabeça, e à exposição de sua criatividade. Damos atenção constante a isso, nos móveis, com suas cores ou materiais nobres, nos objetos: móbiles, espelhos de vários formatos, bolas de discoteca etc., ou nos equipamentos lúdicos — naturais ou manufaturados — que eles fornecem para as crianças...

Isso também é verdade quando se trata da prática de documentar a vida das crianças: na escolha de belas fotos e palavras (de crianças, poetas, artistas, cientistas, filósofos etc.) que não estão lá por acaso, mas são selecionadas por sua profundidade, para convidar à reflexão. São mensagens verdadeiras, que deixam claro o que pretendem transmitir com a ideia de ir além do imediato, mensagens apresentadas com a mesma pesquisa estética, para dar a elas todo o seu valor e força. As imagens, harmoniosamente organizadas, são colocadas em diálogo com um *design* gráfico meticuloso, um pouco como as exposições nos maiores museus.

Assim, povoados com tais objetos, palavras e imagens, os espaços participam de uma experiência multissensorial que estimula a imaginação e a reflexão, e desperta espanto, admiração e alegria (Botta; Crepet, 2007). Esses são espaços legíveis, livres de estimulação excessiva, espaços alegres e delicados. Para os bebês, tentamos criar, por meio de uma série de detalhes — tons pastel, luz suave e dançante, o uso de objetos da primeira infância, como chinelos de bebês etc. —, uma sensação de espaço e uma sensação de admiração (vf. anexo, figuras 39 e 40) — mundos de doçura, nas creches ou na área "*piccolissimi*" da *Area Rossa*, onde os pais ou avós vêm para passar um momento com seus filhos pequenos e, comovidos, também caem no feitiço.

Para nós, a dimensão estética é uma parte essencial do conhecimento. Observar a beleza e deixar-se emocionar (Contini, 1992) desenvolvem a sensibilidade e incentivam todos a lutar pelo direito de viver em lugares com qualidade estética.

O papel da Area Blu

Um bom exemplo da importância que atribuímos ao valor estético é a *Area Blu*, um espaço de oficina, uma pequena galeria de arte que está sempre em movimento, cujas atividades têm como objetivo ensinar o "gosto" pelas artes plásticas. Essa *area bambini*, dedicada à expressão artística, tem como objetivo incentivar o uso criativo de todos os tipos de materiais. Os vitrais coloridos na sala de jantar, projetados pelo artista Umberto Buscioni, nascido em Pistoia, proporcionam uma atmosfera que desperta as emoções das crianças enquanto elas trabalham com lápis de cor, papéis de todos os tipos, argila, lã, fios coloridos, arame, barbante, caixas, folhas de madeira, ráfia, botões, tecido e assim por diante (vf. anexo, figuras 41 e 42). As crianças são convidadas a observar a realidade, mas também a interpretá-la, transformá-la, vê-la de diferentes ângulos, fazer com que o familiar pareça estranho, e assim por diante. A combinação de arte e brincadeira torna essas atividades muito sedutoras. Dessa forma, as crianças descobrem o prazer de criar e aprimoram sua sensibilidade e senso estético, ao mesmo tempo que desenvolvem sua capacidade de trabalhar em conjunto em uma ampla gama de projetos criativos: paisagem, hospital, moda (vf. anexo, figura 43) etc.

PARA CONCLUIR

Esses espaços bem conservados, que expressam o valor da infância e são acolhedores graças ao uso cuidadoso de fotos, imagens, palavras, desenhos e criações infantis (Giovannini, 2001; Magrini; Gandini, 2001; Giovannini; Gandini, 2003), convidam aqueles que entram a ficar, conversar e pensar. Para concluir este capítulo, vamos nos concentrar mais uma vez na documentação e em suas várias formas — painéis de parede, cadernos individuais, cadernos coletivos, jornal semanal — que ocupam uma parte significativa dos espaços. A documentação ajuda os novos pais e mães a entenderem o que são esses grupos de crianças. Ela ajuda, igualmente, os professores a se comunicarem com as famílias (e quaisquer visitantes) e os familiares a conversarem com seus filhos sobre a vida nos centros. Também é um meio de reflexão e metarreflexão entre as crianças, que podem relembrar determinados eventos, dar um passo atrás e analisar os detalhes com mais profundidade. Ao preservar as memórias, a documentação também ajuda no surgimento de novos projetos.

E isso porque a documentação envolve um conjunto complexo de operações: observar, explicar, estabelecer vínculos, compartilhar e... planejar (Rinaldi, 2006). É uma prática profissionalizante, essencial para a reflexão coletiva sobre a vida cotidiana e sobre projetos específicos, desde sua concepção até sua avaliação. Por exemplo, na escola maternal Marino Marini, o azeite é produzido após a colheita de azeitonas nas colinas, e o trabalho é feito na paisagem ou em um jardim de rosas. Só podemos reiterar a importância de se pensar com muito cuidado na arquitetura da documentação e em suas linguagens visual e verbal, para que os espaços tenham esse forte valor comunicativo ou, melhor ainda, narrativo.

A documentação fixa a memória de rostos ou eventos familiares, proporcionando a sensação única de fazer parte de um lugar que mantém a memória de seu passado, pode tematizar o presente e ajudar a construir o futuro.

Os seres humanos se definem pelos lugares onde cresceram e que permanecem como marcos para eles. Winnicott (1987) demonstrou que o apego emocional de uma criança aos lugares onde ela teve experiências ao longo do tempo faz parte de sua identidade e é semelhante ao apego que sente pelas pessoas. Portanto, é fácil entender por que estamos tão empenhados em permitir que as crianças cresçam em espaços que lhes sejam próprios, aos quais se apegam e dos quais guardam lembranças felizes da infância. Nossos esforços foram, e ainda são, voltados para tornar as estruturas educacionais lugares que falam da vida de uma comunidade composta por crianças e adultos, professores e pais, da riqueza da infância e da sensibilidade educacional implantada em torno das crianças.

Nosso pensamento sobre os espaços está em constante evolução com nossas ideias, nossas sensibilidades e novos objetivos, reconhecendo a capacidade das crianças de pensar "grande". Dessa forma, evitamos a armadilha do conformismo pedagógico que tanto nos aflige atualmente. A organização do espaço das estruturas de Educação Infantil requer muito cuidado, sensibilidade e consciência de que esses são locais públicos, abertos à sociabilidade informal e prontos para o diálogo com os membros da comunidade.

3

Continuidade das experiências infantis e participação familiar

Antonia Mastio

Todos os adultos já foram crianças, mas poucos se lembram disso.

(Antoine de Saint-Exupéry, *O pequeno príncipe*)

TRABALHAR COM E PARA TODAS AS FAMÍLIAS: PARTICIPAÇÃO, UM COMPROMISSO DA CIDADE

Por trás de cada criança há uma família, com seus pontos fortes e fracos, seu potencial e necessidades. A vida atual tem causado um impacto no equilíbrio familiar, e as mudanças na sociedade transformam a dinâmica familiar (Bastianino; Taurino, 2007). Pais e mães de hoje estão mais isolados, seus filhos são, em grande parte, filhos únicos na Itália, filhos do bem-estar e da racionalidade, objetos de forte investimento de seus familiares e, talvez, também de expectativas excessivas. Além disso, nos últimos anos, na Itália, muitas famílias vieram e vêm de países distantes por longas jornadas migratórias complexas (Favaro; Mantovanni; Musatti, 2008).

Apoiar o papel de pais e mães e das famílias, compartilhar responsabilidades educacionais

Além de cuidar das crianças e educá-las, o objetivo de nossas estruturas de Educação Infantil é apoiar pais, mães e familiares. O mapa dos serviços educativos da cidade de Pistoia[1] mostra claramente esse princípio com o qual estamos profissionalmente comprometidos — juntamente a outras cidades italianas (Bove, 2007; Mantovani, 2007; Guerra; Luciano, 2014) —, pensando nele pelo prisma da participação.

Nós nos certificamos de que todos os anos, em todos os equipamentos, as trilhas educativas que se iniciam ou têm continuidade envolvam a colaboração de professores e familiares para compartilhar a responsabilidade da educação das crianças.

Para muitos progenitores, essa experiência de participar da vida da creche ou da escola maternal é uma primeira forma de exercício cívico, que eles assumem com bastante entusiasmo. De fato, sua presença e as responsabilidades que assumem na vida das instalações e em sua administração são mais fortes do que nas estruturas escolares. Por isso criamos uma série de estratégias e de instrumentos de participação, que desenvolveremos neste capítulo.

Uma característica constante do projeto educacional de Pistoia, desde a década de 1970, tem sido o interesse nas famílias, sendo que o importante para nós é estar ao lado delas (Mastio, 2009). A partir das primeiras escolas maternais municipais, houve uma abertura para as creches, e a administração de Pistoia demonstrou um interesse especial pelas famílias, tornando seu envolvimento uma característica importante de nossa abordagem (Mastio; Tartarico, 2007).

Uma certa visão das famílias, das estruturas educacionais e o diálogo entre elas

Desde então, as estruturas de Educação Infantil têm cumprido seu compromisso de acolher todas as famílias que se apresentam, na convicção de que,

---

1. Cf. Anexos de Becchi *et al.* (2009).

com suas histórias e identidades únicas, elas têm muito a nos dizer, desde que saibamos como ouvi-las e criar espaços onde elas possam ter encontros genuínos. As estruturas podem fazer muito pelas famílias, e as famílias podem fazer muito pelas estruturas, trabalhando juntas para encontrar as melhores soluções para o bem-estar das crianças, colocando-as no centro dos projetos das estruturas e da cidade.

Em Pistoia, as creches e escolas maternais foram projetadas como espaços que visam proteger as crianças dos perigos do isolamento, da solidão e do individualismo. Elas se destinam a ser locais de encontro, relacionamento, compartilhamento e cidadania, e estão provando ser pontos de referência que ajudam a consolidar o tecido social e a incluir novos moradores, novos hábitos e novas identidades culturais.

São locais de socialização baseados no respeito, no confronto, na escuta mútua, na colaboração e na coeducação (Milani, 2008; Rayna; Rubio; Scheu, 2010). Seu objetivo é desenvolver relações sociais equilibradas entre professores e famílias (Musatti; Rayna, 2010), pois o bem-estar das crianças depende dessas relações entre as diferentes culturas de origem. Cultivar o prazer de estar junto nos ambientes da primeira infância, oferecendo pontos de referência e pertencimento, significa oferecer às crianças a imagem de uma vida baseada no diálogo e fazê-las sentir que estão cercadas por adultos que trabalham juntos para construir caminhos educacionais voltados para seu desenvolvimento.

Incluir todas as famílias

Na prática educativa, portanto, as relações com as famílias não são um aspecto "adicional"; elas são parte integrante de qualquer projeto de creche ou pré-escola. O trabalho dos professores baseia-se em uma compreensão das realidades da situação de cada família. O trabalho da equipe do Programa de Educação Infantil é implementar estratégias relevantes e usar ferramentas apropriadas para estabelecer a continuidade entre a casa e a creche, garantindo que todos sejam incluídos e participem.

Pais e mães de crianças com necessidades especiais são bem-vindos em nossas instalações, de acordo com a lei nacional de 1977. Todas as solicitações de integração são recebidas pelo Departamento de Educação.

Em seguida, há uma estreita colaboração com os especialistas, que também são convidados a participar, assim como os outros pais.

É claro que os pais dessas crianças recebem atenção especial: a equipe de coordenação educacional os apoia e trabalha com os professores para ajustar os objetos e os espaços às possibilidades das crianças, para que elas possam brincar, experimentar e se comunicar, em suma, crescer, gostar e aprender, participar de sua maneira e plenamente como outras crianças típicas. Estas últimas também se beneficiarão da presença de crianças diferentes e dos novos métodos de ensino introduzidos. Para pais e mães, quando a patologia é grave, é necessária muita sensibilidade para que eles se sintam confiantes e em paz.

Como responsável pelo acolhimento dessas famílias durante muitos anos, nunca observei nenhum resultado negativo dessa abordagem inclusiva: tanto os progenitores como as crianças se beneficiaram de poderem estar presentes nas creches e pré-escolas, que recebem, frequentemente e ao mesmo tempo, várias crianças com necessidades especiais.

Esses familiares se beneficiam do intercâmbio com outros pais, e constatamos que são eles próprios um recurso para outras famílias (Mastio, 2011).

Devemos mencionar o esquema "Um amigo a mais" que criamos para permitir que as crianças com necessidades especiais socializem e brinquem fora dos ambientes de terapia, e que seus familiares encontrem momentos preciosos de tempo livre para si mesmos, espaços de socialização entre os pais e mães ou relacionamentos com instituições (reuniões, oficinas, festas etc.). Em suma, oportunidades de apropriação de práticas cívicas e de restabelecimento de relacionamentos sociais que muitas vezes são comprometidos pela dificuldade de seus filhos.

O papel das aree bambini

Compartilhando a mesma visão de infância e de família, assim como os mesmos objetivos educacionais das creches e escolas maternais, as *aree bambini* são locais especiais de encontro entre crianças, pais e mães. Elas oferecem recursos muito apreciados para famílias vulneráveis devido a separação, divórcio, reunificação etc., ou para famílias refugiadas que estão cada vez mais isoladas. Dada a impossibilidade de construir sua função de parentalidade ao lado daqueles que lhes são culturalmente próximos, essas famílias encontram várias oportunidades de intercâmbio que lhes ajudam a elaborar e reelaborar suas práticas parentais e a criar vínculos com outras famílias, dentro e fora das *aree bambini*.

Nas *aree bambini*, os filhos principalmente de donas de casa ou de famílias que não precisam de creche em tempo integral são atendidos na *Maison des Ours*, um tipo muito especial de creche que lhes oferece tempo para desenvolver sua independência por meio de brincadeiras e um espaço para interação social com outras pessoas, tanto adultos quanto crianças. Dar aos pais a oportunidade de ficar com seus filhos, conforme sua conveniência, nos permitiu desenvolver uma melhor compreensão de suas necessidades, preocupações e dúvidas. Isso também nos levou a organizar momentos de reflexão, discussão e análise aprofundada com eles nessas áreas.

Crianças de até 6 anos de idade podem vir com seus pais durante o contraturno, em espaços das *aree bambini* reservados pela manhã para as crianças que frequentam as outras instituições educativas. Essa é outra oportunidade de compartilhar momentos de brincadeiras e uma variedade de atividades em um ambiente bonito e bem equipado.

As crianças podem participar de atividades artísticas, ecológicas e outras, e se socializar com outras crianças e adultos. É também uma ótima oportunidade para as crianças e seus familiares desenvolverem relacionamentos agradáveis e pacíficos.

Em relação às principais estratégias implementadas para desenvolver a participação de pais e mães, evidenciamos os três pontos a seguir: a busca de múltiplas oportunidades e maneiras diferentes de se encontrar diariamente e trabalhar em conjunto; a dinâmica ativa de um "gerenciamento social" da primeira infância; a criação e o uso de uma série de ferramentas importantes.

OPORTUNIDADES E MODOS DE PARTICIPAÇÃO NUMEROSOS E VARIADOS

Para que todos participem

Para garantir que todas as famílias estejam envolvidas e que haja uma vida social rica dentro das instituições, é importante multiplicar as oportunidades de encontro. Achamos que seria importante oferecer aos pais uma ampla gama de oportunidades para que todos, de uma forma ou de outra, pudessem entrar em relação com a creche ou escola maternal. Essas várias estratégias são complementares, desde entrevistas individuais até reuniões regulares por turma, durante as quais o trabalho educativo é documentado por meio de fotos e vídeos, desde grandes reuniões até grupos de trabalho, desde as noites de convívio que eles realmente apreciam até as pequenas e grandes festas na cidade, que também são muito importantes ao longo do ano (vf. anexo, figuras 44 e 45): esses momentos de compartilhamento aproximam as pessoas, criam e mantêm amizades.

Todas essas ocasiões têm seu próprio valor especial. Juntas, elas aproximam as pessoas, incentivam a solidariedade e enriquecem as estruturas educacionais e a comunidade como um todo (Mastio; Rayna, 2010; 2013).

As equipes aprenderam a instituir as trocas diárias, que são tão preciosas, e a convidar os pais para participar dos comitês de gestão, das reuniões temáticas e das grandes assembleias, buscando não apenas desenvolver trocas com eles, mas também entre eles (Sharmahd; Terlizzi, 2008). Assim, a participação é criada em um clima social familiar e amigável, que é alimentado por essa rede de relacionamentos interpessoais. A presença ativa e compartilhada das famílias na vida das instituições se baseia na confiança mútua que elas constroem diariamente entre os professores e as famílias. Como resultado, as trocas são cada vez mais profundas.

Nas reuniões temáticas, refletimos sobre aspectos específicos da vida das das crianças, como alimentação, comportamento, birras, medos, brincadeiras e emoções, para citar apenas alguns. O objetivo não é fornecer receitas prontas, mas ampliar os olhares, interpretar juntos o comportamento das crianças. Trata-se de tornar os pais ativos, incentivá-los a se expressar e compartilhar suas diversas experiências. É uma oportunidade de socializar a experiência parental (Musatti, 2007).

A ação é importante, e os pais gostam de se envolver para produzir algo útil. Eles gostam de realizar pequenos trabalhos que são apreciados por todos, por exemplo, a construção de um grande equipamento de recreação na creche *Lago Mago*, ou a construção de um brinquedo luminoso na creche

Il Castello. Dessa forma, eles participam da melhoria do ambiente para as crianças, tanto internamente quanto no jardim.

Eles contribuem para a criação coletiva de material educativo quando trazem materiais reciclados ou naturais para enriquecer as propostas feitas às crianças (vf. anexo, figura 46). Eles até doam móveis de casa (guarda-roupas, pianos etc.), o que torna as estruturas mais aconchegantes, mais "familiares".

Eles não hesitam em dar uma mãozinha quando necessário, por exemplo, para reparar danos causados por tempestades na estufa da *Area Verde*, onde as crianças da escola maternal *Mario Marini* recebem aulas de jardinagem (vf. anexo, figura 47).

Os pais são convidados a participar dos vários projetos organizados pelas instituições educativas. Eles também participam de explorações fora da escola durante passeios pela cidade e de saídas para o mar ou para a floresta. Organizam igualmente pequenos espetáculos, como na escola maternal *La Filastrocca*, onde há muito trabalho com livros e canções infantis: no final de cada ano, os pais organizam um espetáculo, atuando como roteiristas, atores, diretores e cenógrafos. Eles participam da documentação, expressam-se nas paredes do *hall* de entrada das instituições e nas turmas. Tudo isso contribui para compartilhar o significado e o propósito educativo do que é oferecido às crianças nas creches e escolas maternais, valorizando o que fazem, experimentam, pensam e sentem.

Não dá para improvisar!

Os tempos têm sido difíceis para a participação social, e alguns pais e mães estão se fechando em seu mundo particular e se concentrando em seus próprios filhos. Nem sempre é fácil envolvê-los. Os professores tentam reduzir a distância e dissipar as reservas, expressando sua confiança e entusiasmo e preparando cuidadosamente as diversas situações de reunião: não se pode improvisar as noites de trabalho, nem reuniões de turmas, nem ocasiões festivas.

A participação precisa ser construída e requer sensibilidade e disponibilidade, em suma, a capacidade de acolher, ouvir e compreender a singularidade de cada família. É nessa condição que familiares podem encontrar o incentivo de que precisam para se envolverem na vida da escola ou da creche e, assim, contribuírem para o desenvolvimento de um relacionamento "entre famílias", que é tão importante nessa fase de suas vidas.

Estratégias organizacionais profissionais, convites personalizados, planejamento meticuloso do espaço e, é claro, uma grande quantidade de documentação que dê visibilidade à vida nas instituições são muito importantes, e incentivam a discussão e a reflexão com seus filhos, com a equipe e com familiares (vf. anexo, figura 48).

"GESTÃO SOCIAL" E DINÂMICA DE PROJETOS

A importância dos "comitês de gestão" das estruturas educativas

A "gestão social" que se construiu em várias cidades italianas (Spaggiari, 1984; 2010; Picchio; Musatti, 2010) se mantém, ainda, uma das principais formas de participação no projeto educativo de Pistoia. Ela envolve não apenas a participação formal e representativa, mas também, e acima de tudo, a abertura das estruturas para as famílias, para a vizinhança e para a cidade inteira.

O "comitê de gestão" está presente em cada estabelecimento educativo, e é visível nos saguões de entrada de todas as creches e escolas maternais (vf. anexo, figura 49). Ele é composto por familiares, professores e equipe de serviço. É um órgão importante na vida das instituições que dá força e visibilidade à ideia central da experiência educativa em Pistoia: a creche e a escola maternal como locais de participação, em diálogo com a cidade.

Pais e mães que fazem parte desses comitês trabalharam com os professores e coordenadores municipais de educação. Juntos, discutiram questões relativas ao futuro da comunidade e ao papel fundamental que as crianças desempenham nela. Também discutiram as atividades temáticas para os familiares, que deixaram uma marca significativa no trabalho dos comitês.

Esses processos, implementados com e pelos comitês de gestão, continuam a oferecer oportunidades de reflexão e discussão que envolvem as comunidades da creche e da pré-escola. Os comitês de gestão que se reúnem em nível municipal geraram percursos de debates sobre a vasta e complexa questão do papel dos progenitores e familiares como um todo. Os percursos de reflexão são uma espécie de observatório permanente para nós, uma fonte de valiosas percepções sobre as famílias atuais. Eles receberam o total apoio do coordenador pedagógico e de todos os professores. Os resultados confirmam a importância dos equipamentos educativos como locais onde as crianças podem ser atendidas, mas também como locais onde os progenitores podem se encontrar. Os temas de discussão identificados pelos comitês de gestão e apresentados aos familiares de todas as instituições receberam o apoio de um grande número deles. Para cada tema, foram formados novos grupos interinstitucionais de pais e mães interessados. Como resultado, pudemos observar e continuamos a ver os progenitores se tornarem protagonistas de projetos significativos nascidos da prática participativa dos comitês de gestão. Eles foram particularmente formativos para as famílias, professores e coordenadores educacionais. Vamos dar uma olhada em alguns exemplos dessas situações frutíferas de aprendizado conjunto.

Continuidade entre serviços educacionais para famílias

Vejamos o exemplo dos percursos reflexivos relacionados ao tema da continuidade. Pesquisas sobre transições na primeira infância (Rayna; Garnier, 2017) mostram que os familiares e seus filhos se ressentem fortemente da descontinuidade entre as diferentes estruturas educativas, por exemplo, entre a creche, a escola maternal e anos iniciais do Ensino Fundamental, e frequentemente expressam preocupação e desconforto. Nesse período de passagem das crianças, familiares e crianças precisam se adaptar, construir novos relacionamentos e adquirir novos conhecimentos em ambientes com estilos educacionais diferentes e muitas vezes contrastantes. As crianças consideradas "maiores" na creche passam a ter *status* de "menores" novamente nas escolas maternais, e suas habilidades, suas histórias familiares e suas culturas nem sempre são levadas em conta, nem valorizadas.

Em 2007, um grupo de pais, mães e professores reunidos para discutir sobre como construir caminhos de continuidade partiu da seguinte pergunta: o que significa essa continuidade e como ela pode ser usada na transição de uma experiência para outra? Familiares e professores desse grupo discutiram longamente o significado dos processos contínuos e descontínuos em termos do desenvolvimento e de autonomia das crianças, e discutiram juntos como criar "conexões" entre as diferentes estruturas educacionais. Essa discussão destacou a necessidade de formação dos professores para desenvolver novas práticas que facilitem as transições e passagens entre uma estrutura e outra. E, em especial, para desenvolver "pontes" baseadas em trocas contínuas com as famílias e também nas experiências compartilhadas entre as estruturas — creche/pré-escola e pré-escola/Ensino Fundamental —, que permitem uma transição gradual, mas também mais bem planejada e mais agradável.

Como resultado, foram organizadas reuniões entre pais e mães, cujos filhos estão sendo transferidos para a escola de Ensino Fundamental, e pais e mães que já estão frequentando a escola para transmitir informações informalmente, resultando uma nova forma de documentação de "passagem", na qual as crianças se apresentam e descrevem suas habilidades, interesses e amigos...

O projeto das famílias amigas

Aqui está outro exemplo, "O projeto das famílias amigas", que foi proposto por um comitê de gestão, também em 2007. Esse projeto envolveu os pais e professores da escola maternal *Il Melograno*, que recebe um grande número de famílias com dificuldades socioeconômicas. Desde o início, esse percurso pareceu diferente das outras propostas desenvolvidas com as famílias. Seu principal objetivo foi favorecer a socialização das famílias cujas crianças frequentavam a escola, propiciando a construção de uma solidariedade entre elas (por exemplo, ajudando-se no cuidado com as crianças fora da escola). Uma atenção especial foi dada às necessidades expressas pelas famílias em dificuldade ou pelas famílias estrangeiras. Isso significou, por exemplo, acompanhá-las a determinado escritório para tratar de formalidades administrativas. O programa consistiu em uma série de reuniões informais entre professores, mães e pais, e na criação de um mural para registro de demandas e disponibilidades de cada um.

O projeto recebeu um forte apoio das famílias. As relações entre as famílias se intensificaram, e uma verdadeira rede de intercâmbio e ajuda mútua se desenvolveu: alguns convidaram crianças para brincar em suas casas; outros levaram outras crianças para a piscina; outros ainda ofereceram seu tempo para ajudar crianças estrangeiras a aprender a língua italiana; e assim por diante. Os professores desempenharam um importante papel de referência, avaliando as necessidades das famílias e coordenando as intervenções, apontando a disponibilidade e as impossibilidades de cada uma delas. Muitos falaram em sair de seu isolamento, da necessidade de solidariedade, de encontrar uma comunidade de referência, especialmente quando a experiência da migração afetou os laços familiares e culturais.

Jornadas como essas ilustram nossa concepção de creches, pré-escolas e escolas maternais como pequenas comunidades dispostas a compartilhar generosamente conhecimentos e habilidades, como costura, culinária, espaço e tempo — não só centro educativo, mas também em casa — com outros pais, mães e filhos. Os familiares preferem oferecer a pedir e, portanto, novas oportunidades de reunião acabaram sendo criadas: lanches compartilhados nos jardins da creche ou da escola maternal fora do horário da recepção; almoços ou jantares fora das instituições educacionais etc., tudo isso ajudou as crianças a se conhecerem melhor e a fortalecerem vínculos autênticos e positivos.

Encontro entre gerações

Um último exemplo, lançado um ano antes, é o encontro de gerações. Em 2006, o comitê de gestão de uma escola maternal suburbana, *Lo Scoiattolo*, lançou esse projeto particularmente interessante e original baseado na solidariedade entre as gerações.

Esse tema fazia sentido no tecido social de uma região e de uma pequena comunidade muito unida, onde a maioria das famílias se sentia amparada por uma rede de relacionamentos estruturados e com muitas oportunidades de encontros informais. O conceito de solidariedade foi explorado em termos das relações entre avós e netos, e entre idosos e jovens.

O programa consistia em reuniões durante ou após o horário de funcionamento das instituições. Os avós compareciam para explicar suas diferentes profissões para as crianças, usando uma série de exemplos práticos. A transmissão e a valorização dos saberes do passado permitiram às crianças uma descoberta animada sobre a vida no passado, enquanto os idosos redescobriram um papel importante na vida das crianças por compartilharem algo pessoal de sua história, músicas ou brincadeiras de infância. Receber os avós e as avós nas instituições educativas tornou-se uma prática comum a partir de então.

Todos esses projetos criam coesão social, bem-estar e solidariedade. Alguns geraram muita reflexão e motivação porque foram propostos pelos próprios pais e mães, e todos tiveram a oportunidade de dar e receber. Diante da presença cada vez maior de famílias estrangeiras e do fato de que elas estão menos envolvidas nas estruturas de educação, o tema "Crianças e famílias estrangeiras entre nós" foi abordado em 2006, levando a uma série de perguntas e ações concretas dentro e fora das instituições com essas famílias em particular. Em seguida a esses projetos, foram realizadas pesquisas-ação em escolas maternais e creches onde seus filhos são atendidos. Essas famílias são o tema que Maria Laura Contini discute no próximo capítulo.

Pegadas[2]

Certos temas (tais brincadeiras, medos e birras, por exemplo) tiveram um impacto significativo em termos de participação nas instituições e produziram desdobramentos gerais em todas elas. Em 2006, um grupo de professores e familiares de todas as instituições formou um comitê editorial para criar o *Pegadas* (*Impronte*), um jornal de pais e mães para pais e mães, que a cidade publica duas vezes por ano. Ele contém relatos e reflexões de familiares que, como o título sugere, querem deixar impressas suas experiências, tornar o projeto educativo de seu centro mais transparente e incentivar o debate e o envolvimento de todos. O *Pegadas* é produzido pelos comitês de gestão por

---

2. O nome do jornal em italiano, *Impronte*, foi traduzido por um termo aproximativo como *Pegadas*. (N.T.)

meio de uma série de reuniões para a escolha do tema, coletar e selecionar o material e realizar o trabalho editorial. As várias edições publicadas trataram de: cuidados infantis em creches e escolas maternais, a qualidade dos espaços nos serviços educativos, o valor do tempo para adultos e crianças, brincadeiras etc.

A publicação *Pegadas* é o testemunho de sua evolução continuada. Sua vitalidade está intimamente ligada ao entusiasmo daqueles que participam e à certeza de que os assuntos abordados realmente interessam a leitores e leitoras e provocam novas reflexões. Todas as creches e escolas maternais têm uma área dedicada à comunicação interna, no saguão, por exemplo, onde podem ser encontrados exemplares do *Pegadas*. O jornal é publicado em cores, e reflete igualmente a mesma abordagem estética que adotamos para os ambientes e objetos usados na primeira infância. Há também uma espécie de caixa de correio por meio da qual as pessoas podem comunicar-se com o comitê editorial.

FERRAMENTAS PARA UMA MAIOR CONTINUIDADE COM AS FAMÍLIAS

Uma série de ferramentas, muitas delas baseadas em práticas de documentação, foi desenvolvida ao longo do tempo para estabelecer maior continuidade e colaboração com as famílias. Aqui estão apenas algumas das ferramentas que Donatella Giovannini discutiu como elementos centrais da cultura material das instituições, no capítulo anterior.

Ferramentas para documentação

O diário de bordo

Esse é um caderno no qual os professores de cada turma registram as experiências mais significativas na vida das crianças. Ele é colocado em locais públicos para que os familiares possam lê-lo facilmente. Essa ferramenta os ajuda a compreender a complexidade das propostas educacionais, a segui-las, a compartilhar seu significado e a colaborar com sabedoria. Também auxilia os professores a explicar suas práticas aos muitos visitantes que recebem (vf. anexo, figuras 50 e 51). O diário de bordo é atualizado com muita regularidade, às vezes diariamente, se houver eventos significativos.

Os professores transcrevem determinados momentos da vida da turma que os afetaram particularmente durante o dia, com base na observação e na escuta, traçando os processos de pensamento das crianças e destacando suas redes de relacionamentos. O diário contém breves relatos de brincadeiras e trechos de conversas espontâneas entre as crianças ou guiadas por um adulto. As fotos acompanham o texto, que geralmente é escrito com a participação das crianças. Ao apresentar seu ponto de vista nesses "relatórios", elas também têm a oportunidade de se distanciar da experiência e se verem confirmadas como verdadeiras partes interessadas na comunidade educacional. É uma prática democrática de coconstrução do significado da experiência (Dahlberg; Moss; Pence, 2011; Garnier; Rayna, 2017). O diário de bordo ecoa os temas e valores evocados na documentação dos murais, que é estável ou regularmente renovada à medida que os projetos evoluem: esses murais informam e provocam discussão e reflexão, como bem indicaram Anna Lia Galardini e Donatella Giovannini.

O álbum da criança

Ao longo de um ano, cada centro acumula uma grande quantidade de material que documenta as atividades de cada criança. A tarefa do professor não é dispersar esse material, mas aproveitá-lo ao máximo, especialmente em um caderno individual, uma verdadeira biografia de cada criança. Esse álbum, que está disponível para as crianças e suas famílias à medida que é escrito, será entregue a elas no final de sua experiência educativa no centro: um grande momento!

O álbum é baseado em uma seleção cronológica de fotos e textos que capturam fatos, sentimentos, emoções e momentos importantes para a criança que, de outra forma, provavelmente teriam sido perdidos. O álbum é um registro da história pessoal única da criança e, como história, tem um fio condutor por meio da narração do professor de histórias de amizade, traços de brincadeiras compartilhadas e eventos especiais, como uma visita dos avós ou um dia passado com os pais e mães, e que são igualmente documentados coletivamente.

Desde o momento em que começam a frequentar a creche ou a pré--escola, as crianças encontrarão nesse álbum uma série de fotos e histórias curtas sobre elas mesmas, o que fizeram e seus primeiros encontros. Nas creches, o "primeiro dia" da criança é documentado por um barbante com a medida da altura da criança na chegada, imagens da criança e das pessoas que a acompanham e a descobrem, e palavras — ditas ou comentários. Alguns elementos de cada álbum também estão em um grande mural de parede: um verdadeiro mosaico que representa o novo grupo e os primeiros dias singulares de cada criança. Atenção especial a cada criança tem seu lugar na história de cada turma e das creches (vf. anexo, figura 52).

O álbum descreve as experiências diárias da criança com seus amigos (brincadeiras com água ou argila, seu aniversário etc.). Inclui festividades tradicionais, como o Natal e o Carnaval, mas, acima de tudo, os eventos cotidianos que revelam a riqueza da experiência de crescer, o despertar para o mundo, as pequenas conquistas, as aventuras de cooperação e amizade. O álbum testemunha a vida do grupo, as canções e rimas, os rituais, regras compartilhadas e personagens fantásticos.

Montar esse álbum não é uma tarefa fácil, exigindo um suprimento constante de documentação, atenção específica para cada criança do grupo, habilidades de observação, curiosidade, proximidade emocional e o hábito de anotar, mesmo que brevemente, o que é significativo. Também é preciso ter um arquivo para cada criança, onde serão guardadas fotos, comentários, observações, desenhos e outros vestígios de suas experiências marcantes. Não se trata de improvisar no final do ano, é um projeto que se desenvolve ao longo do tempo e requer intencionalidade para dar a cada criança uma memória consistente de sua infância.

O álbum dado à família no final dos três anos do berçário ou da escola é um presente significativo. Ele será guardado por muito tempo, sabemos disso. Não pode ser apenas uma coleção sem unidade. Para ser apreciado pelas crianças e pelos pais, ele deve refletir o cuidado com que foi produzido e, por trás disso, a atenção, o respeito e a compreensão que guiaram os professores em suas práticas de documentação. A qualidade estética é garantida pela escolha das cores, das fotos e da bela caligrafia. Em casa, o álbum será folheado com frequência pela criança e pelas pessoas próximas a ela: os pais relatam que, em casa, as crianças "não querem parar de lê-lo". Elas encontram algo novo para falar e comentar. Para tanto, ele é feito de papel resistente e encadernado para suportar o uso frequente.

Objetos de transição

O caderno casa-creche

Os professores concretizaram também, de outra maneira, seus desejos de criar vínculos e continuidade com a família por meio do "caderno casa-creche", escrito "a quatro mãos". Esse é um instrumento informal e fácil de gerenciar. Familiares e professoras registram nele tudo o consideram importante: as conquistas da criança em casa ou na instituição, novos interesses, investigações, palavras, descobertas e invenções. Esse "objeto de transição" navega de um lado para outro, sendo levado para casa sempre que pais e mães sentem a necessidade de informar sobre o progresso ou as mudanças das crianças, compartilhar notícias, relatar sobre as férias ou apenas ler o que os professores registraram. Esses álbuns, com o nome de cada criança, estão acessíveis e bem expostos no mobiliário das diferentes turmas (vf. anexo, figura 53).

Essa ferramenta de contato é diferente do álbum individual, que é produzido exclusivamente pelos professores e diz respeito apenas à vida das crianças fora de casa. Esse trabalho conjunto com os familiares, que envolve contatos e reuniões repetidas, é essencial para a continuidade da experiência educacional da criança e para a participação da família na vida do centro.

A "caixa das férias"

Outros objetos também funcionam como "pontes". Criar um "elo" concreto, próximo à criança, entre o final de um ano na creche ou na escola maternal e o início do próximo é o objetivo das "caixas de férias" também, discutidas no capítulo 6, de Donatella Giovannini. Vamos reiterar aqui a importância, do ponto de vista do relacionamento com as famílias, dessas simples caixas recicladas que pais e mães geralmente decoram com seus filhos e personalizam em uma oficina com outros familiares. Elas acompanham as crianças durante o verão, seguindo-as quando vão para o litoral ou para as montanhas, ou para onde quer que seja. É um baú de objetos que, quando elas voltarem para a escola, evocará emoções, situações e experiências de verão que significaram muito para elas. Cada criança tem sua própria caixa, cheia de coisas para compartilhar, vestígios de aventuras que tiveram com outras pessoas, sensações, surpresas e lembranças que evocarão uma infinidade de eventos, lugares e encontros.

De volta à creche ou à escola maternal, as lembranças saem dessa caixa, contando o que elas descobriram durante o verão fora da creche ou da escola maternal, o que aprenderam, o que as emocionou, o que as tocou. Elas reviverão essas experiências com seus amigos. Elas se revezarão para apresentar seus "tesouros", o que dará início a uma série de histórias. Todo ano, o momento em que as caixas são abertas é aguardado com ansiedade pelas crianças. Mais uma vez, é um momento em que as famílias se envolvem para incentivar a curiosidade de seus filhos, e apoiar a seleção e a apresentação de seus objetos favoritos. Essa é uma oportunidade anual para as famílias e os estabelecimentos educativos se socializarem e compartilharem. O evento é anual, mas a experiência também pode ser estendida a outras caixas individuais, nas quais as crianças podem colocar o que quiserem quando chegarem à creche ou à escola maternal todas as manhãs: seus "tesouros de casa".

LOCAIS DE ENCONTRO E SOCIALIZAÇÃO PARA TODOS

O envolvimento dos progenitores não se limita só a reuniões formais nas quais eles recebem uma apresentação inicial do centro da instituição ou são eleitos para o comitê de gestão, mas também engloba a participação ativa nas experiências das crianças e no projeto de seus espaços de convivência. E isso acontece desde o início. Na creche, por exemplo, enquanto o filho passa um curto período em seu novo ambiente, pais e mães são convidados a ajudar a construir algo para as crianças ou para a instituição, como um móbile ou pequenas "sacolinhas literárias"[3], a fim de que as crianças peguem emprestados livros da instituição e levem-nos para casa.

Assim que os pais se sentem mais confortáveis e fazem parte da creche ou do berçário, sua presença aumenta.

A creche ou a escola maternal se torna um local onde eles podem se reunir para preparar uma festa, organizar um coral, criar um jogo, pintar uma parede, construir esconderijos de madeira no jardim, como na creche *Il Grillo* (vf. anexo, figura 54), mas também fazer um lanche juntos ou discutir os grandes e pequenos problemas identificados em seus filhos.

Essas práticas desenvolvem habilidades sociais, mas também um senso de pertencimento à instituição, uma pequena comunidade onde os colegas podem conversar entre si e na qual as experiências de cada pessoa podem se tornar um recurso para os outros e para a cidade em geral. Como já dissemos, as *aree bambini* são locais onde pais e mães podem socializar e estar presentes na vida de seus filhos (Galardini; Giovannini; Musatti, 1993). Na área dedicada aos *"piccolissimi"*, ou crianças bem pequenas, na *Area Rossa*, os pais são recebidos com seus bebês desde os primeiros dias e durante todo o primeiro ano, no período em que eles mais precisam, quando têm dúvidas, hesitações e medos, quando estão cansados de noites muito curtas e dias em que precisam lidar com as demandas das crianças pequenas. Aqui, não há movimentos intempestivos de crianças mais velhas. Nesse espaço aconchegante, como Donatella Giovannini já destacou, os pais encontrarão sofás confortáveis para descansar, uma mesa para se reunir e saborear uma xícara de chá, um tapete de jogos costurado à mão com lindos tecidos em tons pastel, delicadamente arrumado com lindas almofadas e cestas cheias de objetos adaptados à pouca idade das crianças.

---

3. O nome "sacolinhas literárias" é uma adaptação para a língua portuguesa que toma emprestado de um projeto desenvolvido na Escola do Bairro, situada na Vila Mariana, em São Paulo, e utilizado para esse tipo de sacolinha. (N.R.)

Uma professora está lá para ouvi-los, certificando-se de que todos sejam bem atendidos e oferecendo muitas oportunidades para facilitar os relacionamentos, tranquilizá-los quanto às suas habilidades e ajudá-los na tomada de consciência quanto às suas possibilidades. Por exemplo, com a ajuda de pequenos cartões e títulos escritos em letras multicoloridas, como "Minha melhor lembrança de infância"; "Uma prova de democracia" etc., convida os adultos a registrar e compartilhar ideias ou preocupações que serão, posteriormente, afixados na parede ou pendurados em um cordão com miniprendedores de roupa. Esse material pode desencadear ótimas discussões para troca, que resulta em bons vínculos entre as famílias.

O professor também traz especialistas (psicólogo, pediatra, artista etc.), sempre a pedido de pais e mães, como nas outras *aree bambini*, para aprofundar determinados assuntos que os preocupam ou para saber mais sobre um tema da atualidade. Além disso, "áreas familiares" dedicadas exclusivamente a pais e mães foram criadas em várias instituições para apoiá-los, ajudá-los a lidar com suas dificuldades e tranquilizá-los quanto às suas capacidades. Esses são pontos de encontro onde eles podem encontrar soluções sozinhos e juntos. O objetivo é aproveitar ao máximo seus recursos e habilidades individuais, pois é assim que eles são confirmados em seu papel parental, sendo a família concebida como diversa e múltipla em constante construção. Esses espaços de participação permitem a introdução das famílias em uma rede informal de apoio, e elas podem protagonizar a própria a vida, saindo do lugar de meras consumidoras dos equipamentos. A facilidade de acesso e a flexibilidade de operação são as características essenciais das reuniões entre famílias para que conversem informalmente, assim como o são das oficinas para a realização de atividades em conjunto. Estas últimas são muito apreciadas por aqueles que não participam das reuniões mais formais, que são mais "assustadoras" do ponto de vista do envolvimento subjetivo, porque a troca é mais simples e a socialização mais espontânea.

Essas também são as características dos ciclos de reuniões temáticas que conquistam não apenas as mães de crianças pequenas, mas também pais, avós, tias..., com vários especialistas em diferentes assuntos. Quando se trata de comida, os participantes incluem não só nutricionistas, mas também antropólogos e bons cozinheiros, tanto profissionais quanto locais.

Muitas outras iniciativas foram e continuam sendo implementadas. Demos a você uma breve visão geral e terminaremos mencionando a participação dos familiares nos eventos que organizamos na cidade ou que são organizados pela cidade: as sessões de leitura para crianças pequenas em cafés, por exemplo, estão entre os eventos regulares que dão visibilidade às famílias e a seus filhos. Sim, as crianças pequenas e seus familiares contam em Pistoia!

4

O acolhimento às famílias estrangeiras

Maria Laura Contini

> *Não se gosta de uma cidade por causa de suas sete ou setenta e sete maravilhas, mas por causa da resposta que ela dá a uma de suas perguntas. Ou pela pergunta que ela lhe faz e o obriga a responder.*
>
> (Italo Calvino, *Cidades invisíveis*)

EDUCANDO PARA O BEM COMUM

A presença em Pistoia de crianças e pais "de outros lugares" (Moro, 2002; 2007) foi levada em consideração pelo governo da cidade, especialmente em seus planos de educação.

Até o momento, as instituições municipais para crianças menores de 6 anos incluem cerca de 15% de crianças (de) famílias de imigrantes, com algumas chegando a mais de 30%. Há crianças nascidas em outros lugares ou na Itália, filhos de casais mistos, crianças que chegaram ao nosso país sob o esquema de reunificação familiar e crianças adotadas no exterior por casais italianos. As situações são diversas, mas o que todas essas crianças têm em comum é a experiência da imigração, vivenciada direta ou indiretamente por meio das histórias contadas por suas famílias.

As estruturas educacionais são locais para relacionamentos, reuniões e confrontos. Os equipamentos educativos são locais abertos ao território, sensíveis às mudanças na sociedade: elas podem "ler" as transformações em andamento nas comunidades locais e apoiá-las. Elas refletem muitas das questões sociais abordadas pelas políticas de trabalho e família ou políticas de gênero e integração. Nos últimos anos, o papel acolhedor das creches e escolas maternais tem sido expresso em seus esforços não apenas para receber as novas crianças italianas, mas também para ouvi-las e a seus familiares. Essas vozes geralmente são pouco ouvidas, inclusive no mundo da pesquisa, como Joseph Tobin e as equipes envolvidas em um estudo internacional sobre a recepção de crianças (imigrantes) na Educação Infantil apontaram (Brougère; Guenif-Souilamas; Rayna, 2007; Bove; Mantovani; Zaninelli, 2010; Tobin, 2016; Rayna, 2014). Essas diversas vozes podem contar histórias e nos ajudar a repensar o significado de nossas práticas cotidianas. Essa foi a intenção do projeto "Diálogo com os serviços e a cidade", realizado em 2013, que apresentaremos mais adiante neste capítulo.

A nossa prioridade é incentivar a reflexão sobre modos de inclusão e "interculturalidade" como forma de abrir a mente e o coração, e sobre a necessária construção de um modo de pensar cosmopolita, começando pelas crianças e suas famílias. É assim que damos vida a estruturas educativas que cultivam a humanidade. De acordo com Martha Nussbaum (1999, p. 22), são estruturas nas quais "[...] mulheres, membros de minorias étnicas e religiosas e pessoas de culturas não ocidentais possam ser vistas e ouvidas, com respeito e amor [...]. Uma escola onde o mundo é visto como composto de cidadãos diferentes e onde todos aprendem a se comportar como cidadãos do mundo".

REFLEXÃO, DIÁLOGO, CONSTRUÇÃO DE ALIANÇAS

A presença cada vez maior de crianças (de) pais e mães imigrantes tornou necessário que as instituições educativas se reorganizassem, respeitando a pluralidade e a diversidade das culturas familiares (Vandenbroeck, 2005;

Decet, 2007, 2010), a fim de acolhê-los em uma relação de reciprocidade genuína e oferecer-lhes um espaço onde possam ser ouvidos para construírem novas oportunidades de cidadania. As famílias "de outros lugares" se tornaram uma oportunidade insubstituível para refletir sobre nossas formas de "fazer e ser", para rever nossas práticas educacionais, nossos métodos de acolhimento e comunicação, para repensar nossa identidade e, assim, enriquecer o projeto educativo graças ao confronto e à valorização das diferenças.

Em 2006/2007, uma série de reuniões foi organizada por pais e professores como parte do trabalho dos comitês de gestão descritos por Antonia Mastio no capítulo anterior, para examinar mais de perto a questão do acolhimento de crianças e famílias estrangeiras. Durante essas reuniões, que aconteciam no final da tarde ou à noite, dependendo da disponibilidade das famílias, nas escolas e creches, chegamos a nos perguntar quais estratégias deveríamos adotar para garantir que essa acolhida não fosse apenas por hospitalidade, mas que se caracterizasse por uma real ampliação da comunidade e que as singularidades individuais se tornassem um recurso compartilhado.

Foi a partir dessas perguntas e de uma análise da pouca participação das famílias estrangeiras na vida das instituições educativas que surgiu o desejo de pais, mães e professores residentes de estabelecer um contato mais próximo para realizarem algo coletivamente. Fizemos isso perguntando a nós mesmos o que define a real capacidade de nossa comunidade de acolher outras culturas, e pesquisando as iniciativas existentes aqui e ali para promover a diversidade (Vandenbroeck, 2005; Preissing; Wagner, 2006; Silva, 2011; Mastio; Tartarico, 2007).

Desde 2001, antes do início do ano letivo, as professoras do laboratório "Palavras do Mundo" oferecem oficinas de italiano, por meio de brincadeiras, para crianças e jovens de 6 a 12 anos. Durante o ano letivo, o laboratório também ofereceu às crianças de creches e escolas maternais a chance de conhecer outras culturas, com atividades baseadas em livros, histórias, contos, tradições e alimentos de outros países.

Em uma tentativa de romper o isolamento que geralmente caracteriza as famílias estrangeiras que vivem na cidade, o objetivo era estabelecer contatos com suas associações, a fim de obter uma melhor compreensão de suas práticas culturais, métodos educacionais e dieta, e procurar desenvolver uma troca respeitosa, de modo a garantir aos recém-chegados uma recepção autêntica e permitir que aqueles que os recebem descubram, surpreendam-se e se deixem influenciar. Um evento em particular foi organizado em uma tarde no ano de 2005 pelos familiares do grupo de trabalho: um grande número de famílias estrangeiras participou de jogos, danças e músicas para jovens e idosos em um parque no centro da cidade. Música, jogos e palavras coloridas...

PESQUISA-AÇÃO-FORMAÇÃO

Ao longo de 2013/2014 e 2014/2015, os funcionários das instituições educativas participaram de um projeto de pesquisa-ação-formação, realizado com pesquisadores do Instituto de Ciências Cognitivas e Tecnologia (ISTC) do Conselho Nacional de Pesquisas (CNR) americanos, que trabalham com estabelecimentos de ensino desde o início da década de 1980 e participaram da parte italiana da pesquisa internacional liderada por Joseph Tobin, mencionada anteriormente.

Uma metodologia que inclui todas as estruturas educacionais na Educação Infantil

Esse projeto de pesquisa-ação sobre a ação educativa com crianças estrangeiras e suas famílias concentrou-se nos processos de integração e socialização na creche *Arco Iris*, durante o primeiro ano, e na escola maternal *Il Melograno*, durante o segundo. Realizamos sessões de observação em vídeo em vários momentos do dia e fizemos anotações etnográficas em diferentes momentos do ano com duas pesquisadoras do ISTC-CNR, Maria Cristina Picchio e Susanna Mayer. As equipes da creche e da escola maternal também receberam orientação na preparação de documentação escrita sobre a experiência das crianças nos cotidianos das instituições.

As observações em vídeo e a documentação produzida foram discutidas e analisadas em reuniões de formação, com foco nas formas de participação das crianças, nos processos comunicativos em que elas estão envolvidas e nas formas de relacionamento entre elas. Nosso objetivo foi identificar todos os elementos úteis para melhorar a qualidade de contextos e intervenções educativas. Participaram das reuniões os coordenadores pedagógicos e as equipes de professores diretamente envolvidos nas observações em vídeo, bem como os de outros estabelecimentos educativos. Esse foi um projeto de pesquisa concebido para fortalecer a postura reflexiva e coconstrutiva de cada professor no interior de sua instituição, e desta em contextos mais amplos no quadro de uma abordagem educativa intercultural para crianças menores de 6 anos.

Todas as creches e escolas maternais municipais participaram dessas sessões de formação para incentivar o acolhimento de famílias de diferentes culturas em instituições. Mesmo aquelas instalações que, à época, não tinham crianças estrangeiras participaram porque, para nós, o tema da educação intercultural e da diversidade diz respeito a todos e é um ingrediente fundamental da vida social (vf. anexo, figuras 55, 56 e 57).

Facilitando a participação das famílias de imigrantes nas instituições

As práticas dos estabelecimentos educacionais para receber as famílias, estabelecer relações com elas e se comunicar (primeira reunião, organização de reuniões subsequentes, gerenciamento de informações e documentação) e as estratégias para facilitar a participação delas na vida dos estabelecimentos proporcionaram um campo de experimentação pessoal e profissional, com o objetivo de descentralizar nosso pensamento para ouvir mais os outros, expondo-nos a dúvidas, perguntas e à busca de novas respostas.

Mudando de foco

Daniela Iozzelli, professora da creche *Il Grillo*, lembra-se de seu primeiro encontro com uma mãe albanesa, e conta como tomou consciência de ser refugiada e as perguntas resultantes desse processo:

> Não sei como chegamos a falar sobre a Albânia e, depois, sobre outras coisas. Conversamos sobre isso quando nossa filha era pequena e

sobre a queda do Muro de Berlim, depois sobre democracia e sobre poder, valores, tudo isso. Na verdade, não falamos sobre a menina, mas percebi que tinha feito a coisa certa quando, em certa ocasião ela comentou: "É maravilhoso o que você fez por mim! Eu me tornei uma garotinha novamente".

Conhecer alguém que viveu a experiência da imigração exige que você dê um passo atrás, desenvolva um pensamento original e se envolva em um relacionamento com limites permeáveis. De fato, as famílias "de outros lugares" geralmente têm outras formas de encarar o cuidado, a saúde e a doença, que são construções culturais (Delaisi de Parseval; Lallemand, 1980; Guidetti; Lallemand; Morel, 1997; Rollet; Morel, 2000; Bril; Parrat-Dayan, 2008).

Esses aspectos só podem ser compreendidos com base em noções e conceitos antropológicos que levem em conta uma relação de reciprocidade entre povos distintos. Em outras palavras, uma relação que altere a maneira de ser e de pensar, tanto dos anfitriões quanto dos que imigram de maneira positiva.

Estabelecer um acordo verdadeiro

Comentando a respeito de uma reunião aprofundada sobre o tema "a primeira reunião com os pais", Sabina Lucidi, professora da creche *Arco Iris*, enfatiza a importância de pedir aos pais que concordem com tudo o que for discutido, conforme relatou Nice Terzi durante uma sessão de treinamento realizada em Pistoia em 14 de setembro de 2013:

> Sabina disse: "Para mim, esse 'você concorda?' é a chave do início de um novo relacionamento. Estamos nos encontrando pela primeira vez, estamos lá, mas somos a interface de uma prefeitura, de uma organização que representa uma equipe e uma história, pronta para criar um relacionamento com vocês e com o que vocês trazem, cada um de acordo com seu papel, mas em reciprocidade, que se afirma desde o início".

As experiências individuais dos pais e mães imigrantes e as tentativas feitas pelos professores para entender as culturas familiares e suas diferentes dimensões, para interpretar necessidades não expressas ou para aceitar o que pode estar em desacordo com nossas práticas, alimentaram a cultura educativa das instituições com novas reflexões e narrativas.

A tradução

Apesar das dificuldades de traduzir com precisão as informações de um idioma para outro, as famílias de imigrantes que frequentam nossas creches e escolas maternais têm acesso a informações traduzidas para seu idioma de origem, bem como à presença de mediadores de idiomas nas reuniões de famílias, reuniões individuais com professores e outras oportunidades de encontro nas instituições para facilitar o entendimento mútuo. As equipes do Departamento de Educação local, incluindo equipes administrativas, acompanharam as mudanças, dando atenção especial aos métodos e ferramentas usados para se comunicar com as famílias. Por exemplo, reforçamos práticas de tradução nos idiomas mais falados na região de Pistoia — árabe, albanês, romeno, inglês e francês —, dos documentos administrativos e informativos, tanto em papel como digitais. Criamos um serviço estruturado de tradução mediada para todas as formalidades — registro nas instituições, solicitações de isenções ou reduções de tarifas, pedido de recursos etc. Esses são apenas alguns exemplos do projeto de inclusão que convida à construção de uma comunidade solidária, baseados em princípios de justiça e igualdade social.

Ampliação do perímetro

Em uma sociedade que Francis Fukuyama (2001) descreve como "atomizada", empobrecida pela dissolução gradual das instituições de fachada, sentimos a necessidade e a importância de ampliar o escopo de nosso pensamento para incluir um público mais amplo, na cidade e fora dela.

Durante os anos de 2013 e 2014, organizamos conferências na biblioteca de San Giorgi, numa sala da Câmara Municipal, com especialistas e acadêmicos sobre "A pedagogia da interculturalidade", com Graziella Favaro, Nice Terzi, Clara Silva, Chiara Bove, Elisabetta Nigris; sobre "A segunda língua", com Francesca Zaninelli; e sobre a "A aquisição do direito de cidadania — o direito do solo", com Fred Kuwornu. Em 2015, organizamos concertos com corais de música folclórica tradicional italiana e músicas de outras culturas na biblioteca de San Giorgio.

Todas essas oportunidades de encontro foram abertas aos profissionais dos estabelecimentos de ensino de toda a província, tanto públicos como privados, aos familiares e ao público em geral. Muitas famílias italianas e estrangeiras vieram com os seus filhos. Todos esses eventos foram uma ótima oportunidade para enviar mensagens positivas, construir pontes, aproximar uns dos outros por meio da linguagem universal da música e valorizar as tradições musicais das famílias, especialmente aos olhos das crianças.

Comunicar sobre o trabalho educativo em geral, e sobre o nosso em particular, alargando o espaço de reflexão e discussão, é um compromisso cívico e político que radica na própria ideia de educação como ação pedagógica e política (Arendt, 1961; Ardoino, 1977; Dahlberg; Moss, 2007). Isto significa reafirmar o valor do bem comum, assumir a responsabilidade de ajudar a construir uma comunidade aberta e partilhar o esforço necessário para superar as desigualdades.

O PROJETO "DIÁLOGO DOS SERVIÇOS COM A CIDADE"

As instituições educativas, concebidas como lugares fortemente ligados à vida da cidade (tal como aprofundado por Sonia Iozzelli e Donatella Giovannini nos próximos capítulos), encarnam valores educativos e sociais. Os centros educativos não são só um espaço de educação, mas também de valores sociais. São portas de entrada para a comunidade. São também instrumentos de participação e de cidadania. É nesse sentido, e num vaivém entre as práticas educativas cotidianas nos vários contextos urbanos, que se situam nossos mais recentes projetos cívicos e solidários para mães imigrantes. Elas parecem estar mais isoladas do que os homens, porque têm de cuidar dos filhos pequenos em casa e são responsáveis pelas tarefas domésticas.

Acolhimento das mães imigrantes

Escutemos esta mãe no primeiro encontro organizado em 2013 pelo município:

> Uma nova experiência na minha vida... Gostaria de conhecer mulheres de outros países para poder aprender italiano e depois encontrar um emprego. Não falo italiano porque estou sempre com os meus compatriotas e falamos sempre em árabe. Gostaria muito de conhecer outras pessoas e de obter informações que me pudessem ajudar na vida. Obrigada!

Para as mães estrangeiras, a entrada do seu filho num estabelecimento de ensino é, por vezes, a primeira situação social que envolve relações permanentes com pessoas do país de acolhimento. É um momento em que podem ganhar reconhecimento social, como mulheres e como mães, e construir relações interpessoais fora da família. No entanto, é preciso tempo para se conhecerem umas às outras e desenvolverem sentimentos de confiança. A criação de confiança exige uma compreensão mútua das culturas familiar e profissional. Como refere Graziella Favaro (2011), as crianças e os adultos estrangeiros sofrem uma espécie de "imigração dentro da imigração" quando ingressam nas instituições educativas do país de acolhimento. Por outras palavras, para essas famílias, e em particular para essas mulheres, oriundas de culturas diferentes, o encontro com o ambiente das instituições educativas conduz a um processo de negociação entre os seus hábitos e aqueles com que os seus filhos são confrontados, como, por exemplo, no que diz respeito à alimentação.

As estruturas educativas que acolhem e cuidam das crianças também acolhem e cuidam das suas famílias. Elas têm o dever de trabalhar ao lado de todos os familiares e de apoiar a sua função parental.

Conciliar os valores familiares com aqueles do país de acolhimento

A educação das crianças imigrantes exige uma reflexão que esteja atenta às dificuldades que enfrentam essas crianças que crescem entre duas culturas e que permitirá a construção de identidades, conciliando os valores das suas tradições familiares com as tradições do país de acolhimento (Silva, 2011). Sabemos da necessidade desse tipo de conciliação, pois o fato de estarem enraizadas em ambas as culturas pode ajudá-las a desenvolver as suas identidades e pertencimento múltiplos. Caso contrário, correm o risco de não construir nenhuma identidade (Moro, 2002, 2007; Rayna; Brougère, 2014). Sabemos, também, que as dificuldades linguísticas estão entre as principais razões que dificultam a educação das pessoas para esse duplo pertencimento (Silva, 2011).

Antes de seus filhos começarem a frequentar a creche ou a escola maternal, as mães nem sempre têm a oportunidade de sair de seu isolamento. Em alguns casos, seu conhecimento de italiano se limita a algumas expressões convencionais. A prefeitura de Pistoia oferece cursos de italiano há muitos anos, mas as mães com filhos pequenos às vezes acham difícil participar. A necessidade de cuidar da família muitas vezes é um obstáculo para aproveitar essa oferta de ensino.

Um programa de eventos especiais

Desde 2013, estamos organizando um curso especial de italiano como parte de um programa mais amplo de reuniões na cidade, tomando o cuidado de facilitar a participação de pais e mães e, em particular, das mães, que são as mais desfavorecidas nesse aspecto.

A parceria essencial com as associações e o envolvimento dos professores

Para isso, buscamos alianças e colaborações com associações e cooperativas sociais, não apenas para nos beneficiarmos dos valiosos recursos de pessoas com habilidades linguísticas e a capacidade de cuidar das crianças, mas também para e, acima de tudo, ancorar o projeto na cidade como parte de um sistema coerente de ações, a fim de promover os direitos de cidadania. As professoras têm um papel importante na apresentação do programa às famílias, distribuindo, inclusive, a programação dos encontros, os objetivos e as informações práticas escritas em línguas diversas.

Graças à associação local API, uma importante associação de mulheres estrangeiras que há bastante tempo oferece um serviço de interpretação linguística na cidade por meio de "mediadoras linguísticas", as famílias foram mais bem atendidas e convidadas a participar das aulas para adultos.

Muitas mães se inscreveram — cerca de quinze por reunião, algumas com filhos pequenos. Embora a oferta também fosse dirigida aos pais, somente as mulheres se inscreveram. Mulheres de Marrocos, Geórgia, Nigéria, Albânia, Romênia e Moldávia, algumas das quais viviam na Itália há vários anos e falavam italiano razoavelmente bem; outras eram analfabetas em seu idioma de origem; havia ainda as que tinham pouco conhecimento de italiano e as que não estavam acostumadas a falar em público.

O ambiente acolhedor da *Area Gialla*

A participação das mães foi facilitada pela presença de uma educadora (graças à colaboração da cooperativa Pantagruel) que cuidou das crianças em uma sala de jogos adjacente à sala de reuniões da *Area Gialla*. A participação também se baseou na escolha dessa estrutura educativa, onde adultos e crianças podem se reunir para jogar um jogo, contar uma história ou um conto da tradição popular, inventar personagens e qualquer outra coisa que possam imaginar usando materiais reciclados. A *Area Gialla* é de fácil acesso, pois fica bem no centro da cidade. As mães podem visitar o espaço cuja atmosfera lhes é familiar e, também, podem acolher seus filhos em salas de jogos.

Uma cidade acolhedora

A participação também está ligada à atratividade de uma oferta conjunta de reuniões temáticas na *Area Gialla* e à possibilidade de conhecer a cidade. O programa de reuniões "Em diálogo com os serviços e a cidade" baseia-se não apenas em objetivos de aprendizado de idiomas (oferecendo aulas em inglês e francês) por meio de intercâmbios temáticos: creches etc., mas também na descoberta de visitas guiadas aos locais estratégicos da cidade, que geralmente estão localizados em palacetes e belos edifícios, tais como da Prefeitura, do hospital San Jacopo, da biblioteca pública de San Giorgio, do Escritório de Informação e Assistência Prática para Estrangeiros...

As mães puderam ouvir e conversar com profissionais das áreas de educação, pediatria, nutrição, administração etc., em um ambiente descontraído e propício ao aprendizado do idioma, da cidade e de sua cultura. Professores (da Pantagruel), especializados no ensino de italiano para estrangeiros, participaram de todos os encontros e, ao final de cada um deles, sugeriram a aprendizagem de expressões relacionadas ao tema dos encontros, bem como de regras gramaticais.

Ativamos processos de promoção pessoal, reconhecimento social e reforço da identidade cívica, abrindo um ou outro espaço institucional para mães "de outros lugares". As paredes já testemunham sua presença, por meio das fotos e das palavras (exibidas em painéis) das mães que participaram, favorecendo trocas bidirecionais entre o conhecimento de cada um, leigos e especialistas. A pediatra Patrizia Beacci se dirige a elas dessa forma, oferecendo um diálogo entre vozes:

> [...] que você fale sobre suas experiências: Como as crianças são cuidadas em seu país? Como se dá sua criação em seu país? O que elas comem? Antes de falar sobre o papel do pediatra, que é, obviamente, uma figura importante, quero ouvi-las para entender quais são os maiores problemas na criação de seus filhos e gostaria de falar sobre quando as crianças estão indo bem.

Um vídeo para a terceira edição

Em 2016, para a terceira edição do programa "Em diálogo com os serviços e a cidade", o projeto foi enriquecido com uma nova ferramenta narrativa que deu às mães a oportunidade de dialogar não apenas com as estruturas educacionais e outros serviços da cidade, mas também com as autoridades locais. Um vídeo foi produzido e reúne as vozes de representantes eleitos, de coordenadores pedagógicos e das mães.

A voz daqueles que se importam

A vontade política está claramente declarada com esse programa, "A cidade de Pistoia confirma seu desejo de ser inclusiva":

> Nossos serviços educacionais são locais de discussão democrática, enriquecidos por uma diversidade de visões e interpretações originárias do mundo inteiro. Acreditamos que a criação de serviços educativos onde aprendemos a entender a humanidade por meio de pontos de vista necessariamente diferentes contribui para educar cidadãos do mundo, e não apenas os cidadãos de Pistoia (Elena Becheri, conselheira municipal).

Esse vídeo explica as características das dez reuniões realizadas na *Area Gialla* e como elas são organizadas, seu foco na criança e a atenção especial dada ao idioma para que a comunicação seja eficaz:

> Cada reunião é organizada de uma maneira diferente, mas todas seguem a mesma linha, com tópicos relacionados ao crescimento e ao desenvolvimento da criança, cujo objetivo é promover o crescimento e o desenvolvimento da criança (Donatella Giovannini, coordenadora pedagógica).

> Para cada reunião, realizamos um estudo linguístico, lexical e gramatical específico para o tema em questão. Houve uma troca de perguntas e análises sobre muitos termos que não eram familiares aos participantes (Silvia Nerozzi, professora de italiano).

Vozes dos acolhidos

O vídeo reúne os traços da presença das mães nas diversas reuniões, suas intervenções e suas histórias: histórias e experiências de vida que se entrecruzam com o novo cotidiano na cidade anfitriã; imagens do presente e do passado, fotos de pessoas e objetos que contam a construção de múltiplas identidades. Vamos ouvir algumas mães:

No início, era difícil entender e falar italiano, embora em casa eu costumava assistir a filmes italianos na televisão. Agora, os anos se passaram e eu tenho dois filhos. Sou formada em física e matemática. Entrei na universidade em 2002 e me formei em 2006. As exigências da vida cotidiana me permitiram conhecer Pistoia muito bem ao longo dos anos, também porque faço tudo a pé. Não tive problemas nos escritórios onde fui para obter documentos ou registrar meus filhos, e sempre obtive as informações de que precisava. O mesmo aconteceu com as outras mães: nos encontramos e dissemos "Olá" todos os dias quando deixamos nossos filhos na escola, antes de cada uma de nós começar o dia. Algumas de nós trabalham, outras estão desempregadas, como eu. No início, eu só falava albanês com minha filha mais velha. Agora continuamos a falar albanês em casa, mas também falamos muito italiano. Ela vai à escola e fala italiano com seu irmão mais novo. Ela sabe bem italiano, então me ensina e me corrige quando cometo erros (Esmeralda).

Estamos em Pistoia há dois anos pelo programa de reunificação familiar. Meu marido estava na Itália há dezesseis anos. Eu terminei a escola na Nigéria. Já tínhamos dois filhos e aqui tivemos outro. Meus filhos começaram a frequentar a escola e agora falam bem o italiano, são melhores do que eu — ainda falo muito mal... Frequentamos a biblioteca de San Giorgio e eles nos ensinaram muitas coisas úteis. Eu gostava de ir à biblioteca e aprender coisas novas. Consegui um cartão para emprestar livros e CDs e para usar a Internet. Às vezes penso: "Como posso aprender esse idioma?" e fico desanimada. Mas então, quando ouço outras mães contando suas histórias, percebo que isso vai passar (Mercy).

Meu nome é Souhaila e acabei de chegar à Itália. Tenho 31 anos, sou casada e tenho uma filha de 4 anos. Meu marido é açougueiro. Aqui na

Itália, as pessoas nos ouvem, e eu não esperava ser tão bem recebida, mesmo por pessoas como eu, que não falam italiano. Aqui conheci pessoas de muitas culturas diferentes e de muitas cores diferentes, e aprendi coisas que nunca saberia antes. [...] A prefeitura é um lugar lindo, nunca esperei visitar lugares como esse. Em meu país, os cidadãos comuns não têm permissão para visitar esses lugares, só é possível vê-los em fotografias. Espero voltar. [...] Fico feliz que minha filha também esteja aprendendo muitas coisas na prefeitura. Quando vim para a Itália pela primeira vez, tive medo de não entender o idioma e de me sentir desorientada. Graças a esse curso, conheci pessoas como a Madame Zoubida. Agora ela sabe como me ajudar se eu precisar. [...] Esses encontros fortaleceram e facilitaram o processo de integração para mim. Acabei de chegar a este país e não esperava me integrar tão rapidamente (Souhaila).

PARA CONCLUIR

Nosso objetivo foi de propor a construção de "[...] identidades concorrentes, por meio das quais a história e a biografia de uma pessoa podem ser descritas e comunicadas com referência a uma pluralidade de pertencimentos e identificações" (Favaro; Luatti, 2008, p. 15). Isso ressalta ainda mais a complexidade multiétnica de nossas comunidades, nas quais cada cidadão é chamado a não se fechar em seus próprios modelos culturais, mas a se abrir para os processos de mudança social em andamento e a participar ativamente deles, com base em princípios de solidariedade e reciprocidade. Ao terminarmos este texto, um novo vídeo acaba de ser produzido: "Conte para mim: histórias, lembranças e emoções maternas"...

5

A criança dentro e fora da cidade

Sonia Iozzelli

Não para caminhar mais, porém, para descobrir, ao longo do caminho,
o invisível nas coisas que encontramos.

(Duccio Demetrio, *La filosofia del camminare*)

O QUE ESTÁ ALÉM?

Significados e valores tecem o caminho do despertar que propomos às crianças, no decorrer da vida cotidiana, em situações que podem ajudá-las a crescer — se lhes permitirem confrontar realidades, pessoas e objetos que carregam linguagens, ações e mensagens para construir, por si mesmas e com os outros, vínculos e conhecimentos compartilhados. As crianças de hoje, imersas em um mundo de estímulos virtuais, precisam, mais do que no passado, de experiências que as coloquem em contato com o extraordinário poder dos eventos e recursos da vida cotidiana. Portanto, cabe aos adultos "dar-lhes a mão" enquanto elas conquistam o mundo ao seu redor.

Como minhas colegas mostraram nos capítulos anteriores, conhecer o mundo significa progredir em termos de aprendizado, mas também descobrir e vivenciar, como um verdadeiro protagonista, a riqueza de emoções, sentimentos e estados mentais que nos permitem desenvolver como indivíduos. Com as crianças, podemos encontrar momentos de pausa no frenesi da vida atual, olhando para as mesmas coisas com novos olhares, descobrindo detalhes, compartilhando sensações e construindo narrativas que animam e sustentam nossa presença no mundo. A cidade de Pistoia há muito tem iniciado esse percurso, esforçando-se para oferecer às crianças e a suas famílias instituições educativas de alta qualidade e uma ampla gama de experiências fora delas, abertas ao ambiente e aos valores comunitários de nossa Toscana.

Na creche ou na escola maternal, é importante oferecer situações que coloquem as crianças em posição de investigar e, assim, estimular sua atenção e interesse pelo que está acontecendo ao seu redor, a fim de satisfazer sua ânsia de explorar o mundo. Nos últimos quarenta anos, enquanto nosso projeto estava sendo desenvolvido, aprendemos como é grande o apetite dos bebês e das crianças pequenas por tudo o que os rodeia e, em especial, pelo que é rico e complexo. Propor e organizar situações cotidianas ricas levam-nos a observar, a fazer perguntas e a buscar explicações como pequenos "pesquisadores". Ao fazer isso, bebês e crianças desenvolvem sua capacidade de elaborar em conjunto, de ouvir os pontos de vista dos outros, de compartilhar hipóteses e soluções, e consolidam seu prazer de se envolver com o mundo. Esse é o ponto de partida de uma abordagem para olhar além da porta, do portão para além da instituição educativa (vf. anexo, figura 59).

O que está além? Essa é a primeira pergunta para descobrir o território ampliado da cidade, do bairro e da comunidade.

"Na estrada" pode ser visto como o lema de um projeto educacional que objetivava convidar as crianças a obter uma compreensão mais ampla de seu contexto vital e de seus relacionamentos. Traduziu-se no projeto da cidade "Amiga da criança", lançado em 1996 para tirar a educação da rotina, fazer com que as crianças ultrapassassem os muros dos estabelecimentos de ensino, instilar um senso de pertencimento comunitário e incentivar o compartilhamento de valores cívicos.

"Toda a cidade, como um local de vida e cultura, está a serviço das crianças e é um recurso para sua educação. Todos os cidadãos são responsáveis por essa educação", pode-se ler no *Mapa das instituições educativas* da cidade de Pistoia, publicado em 2004, ferramenta de informação e comunicação baseada no valor da participação, cuja redação foi elaborada por três acadêmicos de Pavia (Ferrari, 2010).

DESCOBRINDO A CIDADE

Uma aliança com as famílias

As estruturas de Educação Infantil estão acostumadas a oferecer às crianças e a suas famílias uma série de eventos festivos na cidade. Esses são momentos importantes que mostram a convergência de cidades que acreditam nas crianças e em suas estruturas educativas, comprometidas em tornar a vida das crianças visível no tecido urbano.

Em Pistoia, tornou-se comum ver grupos de crianças, professores e familiares circulando e animando as praças e ruas (vf. anexo, figura 60), bem como os jardins como parte das muitas iniciativas criadas na cidade para fortalecer o direito das crianças a brincar, a fazer amigos e a desfrutar de uma ampla variedade de tempos e espaços que nutrem todo o seu potencial. Essas iniciativas levam em conta as crianças, seus deslocamentos diários pela cidade, sua segurança e sua necessidade de estarem juntas. Elas não são apenas importantes para as próprias crianças, mas também para seus pais e mães que, por meio dos olhos de seus filhos, podem ter uma visão mais próxima e completa das coisas belas que os cercam, muitas vezes despercebidas na correria da vida moderna.

Familiarizar as crianças com a cidade, sua cultura e sua história significa compartilhar com os adultos próximos uma ideia da continuidade entre o passado e o presente. É nesse ponto que avós e bisavós ganham destaque na transmissão de valores e memórias. Histórias de vida, histórias pessoais e coletivas são entrelaçadas para dar uma cara amigável à comunidade educativa. Nas creches e escolas maternais, mas também nos laboratórios de *Pistoiaragazzi*, os avós foram e são frequentemente convidados a participar para falar sobre si mesmos, para contar suas histórias e para mostrar suas habilidades: tricotar, construir coisas com materiais simples ou sucatas etc.

Na história das políticas para crianças na cidade de Pistoia e em outros municípios de nosso país, pensar nas crianças significou apoiar ações educativas adequadas e, também, melhorar a qualidade de vida de forma mais geral. Trabalhar para os pequenos, atender às suas necessidades, compreender seus direitos, demonstrar suas habilidades e encontrar soluções para seus problemas também significam pensar na cidade para os adultos. O *Mapa das instituições educativas* da cidade de Pistoia (Comune di Pistoia, 2004) afirma que "a educação é tanto para crianças quanto para adultos. Tanto para jovens quanto para idosos".

"Pistoia, amiga das crianças e dos jovens"

O projeto "Pistoia, amiga das crianças e dos jovens" baseia-se em ir além dos espaços, de suas rotinas e de suas figuras de referência. Em maio de 1996, o conselho da cidade apresentou esse projeto de Pistoia como cidade educadora, que a concebe adaptada às necessidades das crianças e na qual a sociedade tem um papel educativo a desempenhar: todos os lugares frequentados pelas crianças têm um papel a cumprir em sua educação ao lado das estruturas educativas.

Já em 1990, Pistoia se comprometeu a tornar os espaços urbanos acessíveis e seguros, sendo que os direitos de cidadania das crianças fortalecem as políticas sociais e, também, integram políticas públicas mais gerais relacionadas à vida na cidade. O compromisso foi tornar as ruas, os jardins e as casas menos hostis para as crianças, com o objetivo de "[...] permitir que elas vivam, explorem e usem a cidade como um espaço educacional para o aprendizado, a comunicação e a autoexpressão", como diz Andrea Fusari. Para ele, "[...] as crianças de hoje têm talvez escola demais, certamente televisão demais e talvez também muitas atividades esportivas oferecidas de uma forma que não é muito educativa; elas recebem pouco, ou quase nada, em termos de brincadeiras e convívio" (Fusari, 1998, p. 18).

O objetivo era oferecer às crianças uma rede de pontos de referência à qual elas pudessem recorrer com total confiança, graças à presença constante e motivada de policiais municipais, e comerciantes disponíveis e hospitaleiros. A cidade e seus equipamentos foram e continuam sendo não apenas um terreno fértil para o diálogo e os encontros, mas também um espaço ativo aberto a iniciativas que visam à descoberta e à compreensão do território em que vivemos e ao qual pertencemos. Muitas iniciativas foram realizadas e, com isso, a cidade se mostrou afetiva, atenciosa e protetora das crianças, falando sua linguagem e abandonando a indiferença ou, pior ainda, a desconfiança por parte delas. Por exemplo: faixas de pedestres para que as crianças possam caminhar sozinhas até a escola; sinalização facilmente identificável graças a suas cores e formas, indicando jardins, bibliotecas, parques infantis, piscinas e escolas; muitas lojas exibem um ursinho de pelúcia sorridente na vitrine, que as identifica como "amigas das crianças", aonde elas podem ir se precisarem pedir ajuda, telefonar ou simplesmente descansar.

Também planejamos uma série de itinerários para ajudar as crianças a conhecerem os lugares, os testemunhos e os sinais do passado que compõem nossa memória, bem como eventos para animar praças, como a "Praça da Cúpula" e a "Praça da Resistência", sem esquecer a "Rua das Ourives" e os jardins de nossa cidade: o jardim "Monteoliveto" e o parque "Puccini". Vamos dar uma olhada mais de perto nos projetos "De mãos dadas" pela cidade e pelos arredores, e no projeto "*Pistoiaragazzi*".

"De mãos dadas": a visão das crianças sobre a cidade

A cidade é um lugar onde as pessoas vivem: escolas, casas, ruas, cantos e recantos escondidos e desconhecidos, que se iluminam e se tornam visíveis por meio dos olhos curiosos e das palavras simples e alegres das crianças, acompanhadas por suas professoras. No entanto, muitas vezes é mais fácil sugerir para as crianças irem ao *shopping center*, onde imediatamente se ouve: "O que você está comprando para mim?", em vez de darem uma volta juntos pela cidade... As praças, que ao longo da história têm sido pontos de referência para encontros, trocas e decisões importantes na vida de qualquer comunidade, se apresentam como lugares por onde as pessoas apenas passam, na maioria das vezes com pressa, onde nem sempre paramos...

É por isso que, desde 2008, professores e professoras têm convidado crianças da Educação Infantil a dar um passeio por Pistoia, de mãos dadas, em passos curtos ou longos, acompanhados pelas explicações de especialistas — historiadores, arquitetos, artistas etc. — que as motivam na busca pela identidade dos lugares e despertam forte vínculo afetivo e cognitivo (vf. anexo, figuras 61 e 62). As narrativas e representações das crianças valorizam não apenas os monumentos e os sinais do passado, mas também a alegria dos encontros, das brincadeiras e da diversão. A pavimentação da "Praça da Cúpula", os degraus de pedra da Praça de São Bartolomeu, as listras pretas e brancas do batistério e da catedral são todos detalhes que dão origem a uma narrativa coletiva, plena de significado e memória, disponível para todos. Sem mencionar a torre do sino de onde a *"Befana"*[1] desce no início de janeiro, com seus presentes para as crianças, acompanhadas de seus familiares, mas também com um pedaço de carvão para aqueles que não se comportaram bem. É um evento anual muito importante, organizado com a ajuda generosa da Brigada de Incêndio da cidade!

Os itinerários deram origem a pequenas exposições nas salas de afrescos da sede da prefeitura usando o material produzido pelas crianças. Uma seleção de suas histórias e desenhos foi compilada em um grande livro: *Per mano, Pistoia: lo sguardo dei bambini sulle piazze della città* (Galardini; Iozzelli, 2007), que é um diálogo entre as vozes das crianças e as vozes dos adultos (vf. anexo, figura 63).

---

1. No dia 6 de janeiro, feriado na Itália, celebra-se a *Epifania* ou Dia de Reis, uma festividade conhecida popularmente como "A Festa da Befana". Befana é uma mulher idosa, de imagem semelhante a uma bruxa e que, segundo uma lenda popular, ajudou os Três Reis Magos que se perderam no caminho para Belém até o Menino Jesus. Ela também não sabia o caminho, mas os convidou para passar a noite em sua casa. Na manhã seguinte, em agradecimento pela acolhida, eles a convidaram a segui-los e visitar o Menino, mas ela recusou. Mais tarde, arrepende-se e segue pelo caminho tomado pelos Magos, levando um presente para Jesus, mas não conseguiu encontrá-lo e decidiu parar em todas as casas para dar doces para todas as crianças. Desde então, a Befana passou a rodar o mundo dando presentes às crianças. A data é aguardada com ansiedade pelas crianças: a tradição popular diz que é fundamental deixar a janela aberta, com uma meia vazia, para que a velhinha possa encher de doces e caramelos as meias das crianças que se comportaram bem no ano anterior, e aquelas que foram travessas e malvadas ganham um pedaço de carvão. (N.T.)

Nesse livro — um livro de arte, com certeza —, os olhares curiosos e maravilhados das crianças oferecem suas visões e interpretações:

A "Praça da Cúpula" se tornou "o lugar dos amigos, porque sempre vamos lá para brincar juntos e porque fazemos festas para nossos amigos, mas, também para os adultos".

As observações são criteriosas: "Não há carros, e você pode passear de bicicleta com seus amigos".

A Catedral de "San Zeno" é "a igreja mais importante de Pistoia, com um verdadeiro tesouro em seu interior, um altar de prata. Nós o mantemos em um local seguro para que ninguém possa roubá-lo. Você pode olhar para ele, mas não tocar".

"Da torre do sino, a cidade parece vermelha porque você pode ver os telhados das casas. Subimos as escadas altas e estreitas..."

"No alto há sinos, faz um pouco de frio e, se você olhar para baixo, fica tonto... e então você vê o batistério, é um pouco como uma zebra ou um panetone."

As crianças nos oferecem uma riqueza de sensações, percepções, metáforas e fantasias quando nos pegam "pela mão" e nos guiam além do mundano para uma cidade interpretada e habitada de forma criativa.

"Pistoiaragazzi": um projeto para uma cidade amigável para crianças e para os jovens

Uma cidade para ser vista, descoberta e explorada — esse é o objetivo do projeto "*Pistoiaragazzi*" (Cannoni; Tassinari, 1999), que foi inaugurado em 1976 pela cidade de Pistoia. Ele envolve crianças de até 10 anos de idade, incorporando as horas escolares e o tempo livre no centro da nova política cultural da cidade. As crianças das escolas maternais e das escolas básicas foram contempladas com uma ampla gama de percursos, passeios e atividades.

"Uma sala de aula tão grande quanto a cidade" é o *slogan* desse projeto que impactou milhares de crianças — cerca de 6 mil por ano. Inicialmente, as oficinas foram realizadas no museu cívico, na biblioteca e no teatro.

Com o sucesso do "*Pistoiaragazzi*", mais e mais oficinas foram ofere-cidas em outros locais para professores, professoras, crianças e suas famílias. Os pais de hoje, crianças de antigamente, conhecem o projeto porque eles mesmos se beneficiaram dessa iniciativa e estão muito entusiasmados com ela. A partir de 1987, algumas oficinas do "*Pistoiaragazzi*" foram inseridas e reorganizadas nas *aree bambini*, áreas temáticas espalhadas pela cidade: *Aree Blu*, *Aree Verde*, *Aree Rossa* e *Aree Gialla*. Esses locais, que estendem a experiência das crianças para além dos muros das creches e das escolas maternais para estimular a curiosidade, a brincadeira, a exploração e a pesquisa, são ricamente equipados com materiais, instrumentos e recursos profissionais para permitir o conhecimento direto do território ao qual as estruturas educativas pertencem. As oficinas ampliaram seu escopo, operando não apenas no período da manhã para grupos escolares acompanhados por seus professores, mas também no período da tarde para crianças com seus familiares, graças às novas propostas do programa: "Tardes acompanhadas".[2]

Entre os benefícios dessa nova organização, podemos destacar os relaciona-mentos desenvolvidos entre os bebês e as crianças mais velhas e as oportunidades oferecidas para brincar e socializar fora do horário escolar, o que neutraliza a solidão das crianças e o uso inoportuno de televisão, *videogames* ou *tablets*.

Em comparação com outras experiências na Itália, a vantagem do projeto de Pistoia foi o fato de ter estruturas e recursos permanentes desde o início, como essas oficinas e os docentes locais que as dirigem. A experiência e o profissionalismo se desenvolveram a partir das perspectivas abertas por John Dewey e, mais recentemente, por Jerome Bruner, que vieram ao encontro das lições de vida e educação do fundador da escola de Barbiana, Don Lorenzo Milani. Ao tirar a "escola da escola", pensamos que poderíamos mostrar e demonstrar que uma escola nova e diferente era possível. Trabalhar juntos em oficinas nos fez perceber que o enfrentamento de problemas "em tamanho real" motiva e incentiva as crianças a buscarem, aprenderem e desenvolverem habilidades que podem ser bem utilizadas mais tarde.

---

2. As crianças podem escolher entre uma série de atividades: contar histórias, construir fantoches e brinquedos, utilizar computadores, desenvolver práticas de arte e junto à natureza. Cada programa consiste em seis encontros, uma vez por semana, em horários que vão até as 18h30min.

Após anos de atividade, as oficinas adquiriram uma aparência muito específica com nomes sugestivos, como "Momentos para Ciências", "Brincadeira e comunicação", "O marionetista" e "De boca a boca", esta última para designar a oficina de narração, pois a tradição oral na região de Pistoia é muito rica e, constantemente, as crianças a renovam ao ouvir histórias e rimas com a boca aberta. De fato, cada oficina é uma oportunidade de reconstruir suas raízes e seu senso de pertencimento. As vozes animadas dos idosos e os testemunhos dos protagonistas dos locais de produção oferecem uma maneira particularmente interessante de ler o mundo exterior: os trabalhadores do berçário, os padeiros, os carpinteiros e outros artesãos.

Como Anna Lia Galardini destacou no início do livro, o objetivo era tirar as estruturas educacionais de seu isolamento e organizá-las como um conjunto de ambientes de aprendizagem, nos quais as crianças pudessem se beneficiar de forma dinâmica e diferenciada, tanto durante o dia quanto ao longo do ano. E tudo isso, acompanhadas de suas famílias. E é exatamente isso que está acontecendo hoje! Há programas de atividades durante o período escolar, que podem ser escolhidos por professores e professoras, e programas para as famílias durante o período extraescolar.

O MUNDO NATURAL: UM GRANDE RESERVATÓRIO DE MARAVILHAS

As crianças precisam ser capazes de se movimentar com segurança e conforto no mundo ao seu redor, tanto dentro quanto fora da cidade. É por isso que os projetos político-pedagógicos de creches e escolas maternais, assim como os das escolas de Ensino Fundamental, enfatizam experiências na cidade e fora dela. Essas experiências dão às crianças a oportunidade de experimentar, ou seja, de serem sujeitos ativos que exploram e desenvolvem interpretações pessoais do que estão vivenciando, e que desenvolvem vários usos da mente e da imaginação. O compromisso da Secretaria da Educação consiste, portanto, em chamar a atenção e a reflexão de todos os educadores e educadoras para o valor das experiências que as crianças constroem não apenas com o mundo urbano, mas também com o mundo da natureza e seus muitos recursos.

Esse compromisso foi estabelecido desde 1990 e se mantém até hoje, nos intercâmbios que desenvolvemos com nossos colegas na Dinamarca, representantes de professores e seus sindicatos e, em especial, com a cidade de Aarhus e Klaus Jensen. Adotamos o dito deles: "Não existe tempo ruim, apenas roupas ruins". É por isso que em todas as creches e escolas maternais podem-se ver galochas multicoloridas nas entradas e nos terraços, bem como guarda-chuvas magníficos, para proteger, mas também para brincar com as sombras, a luz, as cores... para aproveitar as muitas possibilidades que o ar livre tem a oferecer (vf. anexo, figura 64).

A curiosidade das crianças e suas perguntas sobre fenômenos naturais podem começar a ser respondidas ali, observando, descrevendo e refletindo em situações de troca e cooperação, no prazer da aventura e da descoberta. Nosso investimento educacional tem procurado deliberadamente criar parcerias harmoniosas entre as crianças e as diversas paisagens do meio natural. Mais do que nunca, esse é um empreendimento que merece reflexão e planejamento, porque hoje o mundo natural está frequentemente distante dos contextos cotidianos e das experiências diretas, não apenas para as crianças, mas também para os adultos. De fato, "[...] a natureza é desconhecida para nós ou se tornou um mero apêndice da vida humana" (Pascucci; Staccioli, 2001, p. 68).

Enquanto desastres ecológicos se sucedem, destruindo recursos e equilíbrios milenares, ainda há montanhas, colinas, lagoas, praias, céu e mar; ainda há grama, arbustos, raios de sol e o aroma da floresta. Todas essas presenças podem testemunhar o fato de que ainda há espaços a serem descobertos e explorados, momentos a serem vividos, experiências e relacionamentos a serem construídos com o entorno, a começar pelo que há no jardim das creches e escolas.

Investir nos jardins das creches e das escolas maternais

Pistoia dedicou o tempo e a atenção necessários para garantir que, desde as primeiras experiências educativas das crianças, e desde os primeiros anos de suas vidas, o contato direto com a natureza possa ser o ponto de partida para saber como viver nela amanhã, para conhecê-la e respeitá-la.

É por isso que, desde 1990, com a criação da *Area Verde* temos incentivado as equipes pedagógicas de creches e escolas maternais a refletir e desenvolver hipóteses de trabalho sobre o uso do espaço externo: quando ir ao jardim, o que vestir, o que fazer antes de sair, com que finalidade e como? Todos esses são elementos que, se forem bem pensados e reunidos em um projeto compatível com as necessidades de exploração e conhecimento das crianças, podem transformar o jardim em mais um ambiente investigativo nas instituições.

Para nós, ir ao jardim significa ter a oportunidade de entrar em contato com a variedade e a riqueza da natureza, com a multiplicidade e a diversidade de diferentes formas de vida a serem descobertas, observadas e compreendidas. O jardim é um ambiente ideal para crianças que querem brincar, se aventurar e aprender sobre o ambiente que as cerca. As brincadeiras que surgem do contato direto com plantas, animais, ervas e flores demonstram a curiosidade, o interesse, a motivação, a diversão e a paixão das crianças. São práticas alegres, inteligentes e criativas, que se desenvolvem "naturalmente" assim que as crianças são expostas às maravilhas que até mesmo o menor espaço natural tem a oferecer. Até um jardim abandonado pode ser um convite para ouvir e explorar; ele carrega lembranças, histórias, mudanças, cores, luzes, cheiros que incentivam a ação e o conhecimento. Basta um metro de gramado, um arbusto, uma árvore...

Portanto, é evidente que os adultos devem incentivar essas saídas, esses contatos, essas explorações, que devem ser totalmente reconhecidas e beneficiadas. O lugar dado, em nossas instituições, aos passeios no jardim evoluiu de alguns momentos curtos de brincadeiras livres e descobertas para períodos prolongados de exploração e construção de conhecimento. Essas alterações refletem a mudança de um conceito de educação centrado no interior para um conceito mais amplo de educação que reúne a riqueza de experiências adquiridas tanto no interior quanto no exterior, consolidadas ao longo das iniciativas realizadas na cidade.

O que um adulto pode fazer para incentivar a experimentação a respeito do clima, das estações do ano e da hora do dia? Acima de tudo, é uma questão de organizar os espaços, as situações e os materiais que atraem a atenção das crianças da melhor maneira possível para que elas possam investigar mais, permanecendo discreto e atento aos seus "porquês", incentivando-as, desafiando-as e apoiando-as em suas interpretações. O prado da *Area Verde* observado pelas crianças e seu professor produziu o seguinte diálogo, por exemplo:

> Você vê aquela grama ali brilhando, são os raios de sol que a fazem brilhar. A grama que está mais longe brilha ainda mais. Eu vou lhes contar como é: é como se no pôr do sol houvesse uma lâmpada brilhando na grama (Giulia, 5 anos).

Na Area Verde

Conforme mencionado, a *Area Verde* oferece uma série de atividades para as crianças, mesmo as bem pequenas, brincarem, explorarem e aprenderem sobre o ambiente natural. Durante as oficinas, por exemplo, as crianças podem ir às colinas para capturar insetos e depois examiná-los em um microscópio (vf. anexo, figuras 65 e 66). A parede de uma das salas de uma escola maternal é dedicada às coleções — conchas, pedras, animais —, construídas com as famílias, e no topo, ao lado do sapo e da joaninha, há uma pequena legenda que diz: "Toque, por favor!". Na escola maternal Marino Marini, em frente ao saguão de entrada, há binóculo para que as crianças possam utilizar para observar os coelhos galopando pela grama do jardim ou jardinar na magnífica estufa.

De mãos dadas — a visão das crianças sobre a natureza

O livro *Per mano. Pistoia: itinerari dei bambini nella natura* (Galardini; Iozzelli, 2010) deu continuidade ao projeto "De mãos dadas". Da mesma forma, graças a crianças de escolas maternais, ele documenta as rotas que elas percorreram, explorando paisagens e os percursos que fizeram, explorando paisagens, colinas, prados, árvores, caminhos, viveiros de plantas e até mesmo a cidade vista do alto (vf. anexo, figura 67).

As imersões nos vários ambientes naturais que cercam Pistoia não foram alcançadas apenas por meio de livros ou das palavras de adultos, mas, principalmente, pelo contato direto com a variedade e a riqueza do generoso mundo da natureza: um trabalho contínuo e de longo prazo, com várias oportunidades de passeios. Os intercâmbios em pequenos grupos com professores, professoras, jardineiros e suas famílias tornaram possível reunir e incentivar indagações e conhecimentos que foram gradualmente reforçados na escuta mútua. As páginas deste novo livro, assim como as do anterior, destacam a curiosidade insaciável das crianças e os significados que elas atribuem às suas observações e emoções que, mais uma vez, guiam nosso olhar de adultos e nos ajudam a ver as coisas de forma diferente, de uma nova maneira.

No início do livro (Galardini; Iozzelli, 2010), em "Vou lhe falar sobre a paisagem", pode-se ler:

"A paisagem é algo que você vê a distância. Há o céu, as árvores, as casas, as montanhas, também pode haver o mar."
"Vejo uma torre alta ali, na frente dela há uma casa e atrás dela há a torre. E depois há a pequena igreja, porque daqui ela parece pequena, mas na realidade é grande."

As cores também atraem a atenção das crianças:

"As montanhas atrás das árvores altas são diferentes porque são verdes, mas as que estão ali atrás das casas são azuis. De perto, elas são verdes por causa da grama; de longe, são azuis porque o céu as encobre."

E a imaginação vem em socorro:

"O cipreste gigante se torna um navio, uma casa, uma toca, um refúgio."

Nossos principais aliados nessas rotas são os jardineiros, que desempenham um papel importante em Pistoia, pois a produção de plantas ornamentais representa um recurso econômico considerável. Essas plantas ajudam a melhorar o ambiente e a criar espaços verdes em vilas e cidades. As crianças aprendem com eles o que significa "cuidar": por meio do trabalho dessas pessoas e da amplitude de seus conhecimentos, as crianças os ouvem, observam, aprendem e sentem:

> "No viveiro de plantas Vannucci, há uma estufa enorme. Quando você entra, sente o cheiro do perfume. Fechamos os olhos para sentir melhor; nós desenhamos na estufa e lá havia muita luz."

Essas e outras histórias estão impregnadas de impressões sensoriais que nos são transmitidas com frescor:

> "A pequena rosa pálida tinha um cheiro muito forte."
> "As rosas tinham um cheiro doce como mel para mim."

Os desenhos que acompanham as narrativas das crianças as transformam em textos que mostram a progressão de seus conhecimentos e seu gosto pela experimentação. As palavras das crianças fazem eco em poemas de Pietro Formentini, como este: " [...] brinco com o ar que respiro / você com sua cabeça no ar / enquanto a minha tem seus pés no chão..." (Formentini, 2010, p. 45).

A AVENTURA CONTINUA

À medida que termino a escrita deste livro, a aventura continua. Um novo projeto denominado "Jardim volante", envolvendo a cidade e nosso departamento, para construir um jardim público, foi concretizado. As crianças que frequentam a *Area Rossa* e todas as outras da cidade agora podem desfrutar desse "Jardim voador", um magnífico espaço verde criado ao redor das grandes janelas da sala de "*piccolissimi*" e da "Casa do Urso na *Area Rossa*". Esse jardim, projetado pelos arquitetos e artistas Ruffi e Mainolfi, possui um tapete voador, uma casa na árvore, um escorregador vermelho localizado no gramado verde de um monte alto, uma estrutura azul onde é possível se enrolar e ouvir histórias sobre a cidade, uma extraordinária estrutura de escalada...[3] (vf. anexo, figuras 68 e 69).

O desenvolvimento de jardins de creches e pré-escolas continua até hoje: os professores e professoras de creches voltaram à Dinamarca para aprender mais sobre os "terrenos de aventura", que são os espaços ao ar livre das pré-escolas nórdicas (Ambrus *et al.*, 2014; Greve, 2016) para melhorar ainda mais seus jardins...

As crianças e seus familiares continuam a ser levados "pela mão" pelas ruas estreitas da cidade, em busca de lugares que "devem ser apreciados" em particular. Em um ano, essas rotas, acompanhadas por educadores e educadoras infantis, resultaram em uma documentação que foi usada para uma exposição no centro da cidade: os lojistas mostraram sua cidade vista pelos olhos dos filhos (vf. anexo, figura 70). Essa exposição foi um dos eventos organizados para o evento de 2017: "Pistoia, capital da cultura", uma contribuição da Secretaria de Educação, dos professores, das professoras, das crianças e de seus pais e mães!

---

3. Disponível em: https://www.fondazionecaript.it/news/scuola-sempre-piu-green-a-pistoia/ http://www.ilgiardinovolante.it/project/37/. Acesso em: 20 mar. 2024.

6

A coordenação pedagógica

Donatella Giovannini

Um dia, um incêndio devastador começou na floresta.
Todos os animais fugiram. Um leão viu um beija-flor voando em direção ao fogo: preocupado, ele tentou impedir que o beija-flor mudasse de direção, mas o passarinho explicou-lhe que estava indo apagar o fogo. O leão, atônito, respondeu que seria impossível apagar o fogo com a gota de água que ele carregava em seu bico, e o beija-flor respondeu-lhe com firmeza: "É a minha contribuição!".

(Conto africano)

COM O CORAÇÃO E A MENTE

A história das instituições de Educação Infantil de Pistoia é marcada pela aliança entre coração e mente, assim como a história de sua Coordenação Pedagógica, órgão municipal semelhante ao de outros municípios italianos cujas administrações se mostraram sensíveis à cultura da infância (Baudelot; Musatti, 2002; Baudelot *et al.*, 2003; Musatti; Mayer, 2003; Picchio; Musatti, 2010). Ao longo dos anos, em nossa cidade, esse órgão desenvolveu suas funções de dirigir, organizar, gerenciar e coordenar técnica e pedagogicamente as instituições educativas para crianças menores de 6 anos — creches, escolas maternais e *aree bambini* —, em consonância com o projeto e valores que defendemos.

O grupo de coordenadores pedagógicos de Pistoia, embora formado por um pequeno número de pessoas (quatro e depois duas), desempenhou e continua a desempenhar um papel central cuja autoridade é reconhecida (Gandini; Pope-Edwards, 2001; Catarsi, 2010; Urban *et al.*, 2011; Vandenbroeck; Peteers, 2012; Musatti; Picchio; Mayer, 2016). Sua estabilidade e as qualificações pedagógicas de cada coordenador sustentaram a convergência das escolhas organizacionais, administrativas e educacionais, graças ao forte compromisso com a abordagem pedagógica para o cuidado de crianças pequenas e para a cultura organizacional compartilhada.

Analisaremos, em seguida, as principais características de nossa coordenação, em termos de: apoio pedagógico em rede para todas as instituições de Educação Infantil; desenvolvimento do diálogo entre essas instituições e a cidade; e apoio à formação continuada de professores e professoras para uma abertura ao mundo.

GARANTIR "CONEXÕES" ENTRE AS INSTITUIÇÕES EDUCATIVAS PARA CRIANÇAS DE 0 A 6 ANOS

Por meio de um colegiado único de profissionais da Educação Infantil

Desde a sua criação em 1972, o objetivo da coordenação educativa municipal, sob a direção de Anna Lia Galardini, tem sido gerenciar um sistema da Educação Infantil que garanta uma unidade entre as instituições, a continuidade entre elas e a eficácia de suas ações. Por esse motivo, foi escolhido um único órgão de coordenação para todo o setor de 0 a 6 anos, a fim de garantir uma organização coerente das situações educativas vivenciadas pelas crianças sucessivamente, iniciando nas creches e depois nas escolas maternais e/ou em paralelo com as *aree bambini*.

Deve-se lembrar que, em Pistoia, as equipes das creches e das escolas maternais têm o mesmo perfil profissional, o que lhes permitiu transitar entre os diferentes tipos de estrutura, além de criar unidade e continuidade entre elas. As creches e escolas maternais seguem o mesmo calendário escolar, professores e professoras cumprem o mesmo horário de trabalho e recebem formação continuada da parte específica e da equipe. Eles e elas, também, trabalham nas *aree bambini* de acordo com habilidades específicas, sejam artísticas, científicas etc. Em todos os lugares, trabalham como uma equipe, sem um diretor, e são considerados "especialistas no desenvolvimento de crianças" (Musatti; Picchio; Mayer, 2016).

Por meio de uma visão da educação, da escolha pela participação e da importância dada ao contexto

O objetivo constante do grupo de coordenadores foi, e continua sendo, garantir que, em todas as instituições, esses profissionais qualificados sejam capazes de pensar de maneira crítica, de trabalhar individual e coletivamente, de superar estereótipos, de ouvir, de se comunicar e de avançar, de forma a respeitar as necessidades das crianças e de suas famílias.

A "gestão pedagógica" da coordenação de Pistoia definiu os eixos de desenvolvimento das instituições para a primeira infância da cidade e contribuiu para a construção de uma visão geral, com um projeto pedagógico e cultural para crianças baseado em determinados conceitos e valores fundamentais:

- Educação como uma construção compartilhada entre crianças, docentes e familiares;
- Participação e colegialidade em um espaço de troca e discussão;
- O valor do contexto em termos dos espaços, dos materiais, do tempo e dos relacionamentos.

Esse projeto de pedagogia social levou, passo a passo, a uma cultura da infância e à formação docente que melhorou a qualidade das instituições educativas, ativando formas de participação democrática.

Por meio de um trabalho em rede

A construção de uma base comum entre as várias instituições educativas, compartilhando esse projeto pedagógico e cultural, foi possível graças ao nosso desejo constante de cultivar relacionamentos entre creches, escolas maternais e *aree bambini*, além de garantir o trabalho em rede. As coordenadoras pedagógicas estiveram conscientes de que a qualidade dessas instituições exigia que elas não se isolassem e estivessem articuladas em uma rede territorial.

Ao longo do caminho, cada instituição pôde se sentir parte de um projeto que toma forma nas experiências individuais de cada um, mas que vai além delas. Qualquer pessoa que entre em uma creche, escola maternal ou *aree bambini* em Pistoia cruza o mesmo limiar, por assim dizer, e se encontra em um local projetado com base nos mesmos princípios de qualidade, relativos à socialização, ao aprendizado e ao ambiente espacial. Pode-se ler seu pertencimento à realidade específica de Pistoia, incluindo o cuidado com o projeto e com as características das áreas para brincar, com a riqueza, a variedade de materiais e a qualidade da documentação.

Esse trabalho em rede resultou em um entendimento mútuo entre as instituições e entre os docentes, dando origem a uma comunidade profissional cujos membros estão ligados pelos mesmos objetivos e pelas mesmas paixões. A rede, além disso, fortaleceu a identidade de todos (vf. anexo, figura 71) por meio de intercâmbios regulares entre as equipes das diferentes instituições, que trabalham em projetos conjuntos com as crianças ou suas famílias.

Por meio da colaboração e da formação

Defender e promover uma cultura de colaboração sempre foram prioridades e levaram a iniciativas coerentes de desenvolvimento profissional. A ideia era investir na equipe de trabalho, incentivar a aprendizagem entre pares e a construção do conhecimento com base na troca de ideias, na escuta e nos vínculos a serem estabelecidos entre diferentes pontos de vista. Graças à continuidade dessa dinâmica, essas iniciativas de formação melhoraram o atendimento às crianças e suas famílias, e criaram uma atmosfera especial em todas as instituições educativas da cidade, combinando entusiasmo, reflexão e serenidade.

Esse processo é contínuo, apoiado pelos programas de pesquisa-ação realizados com o Instituto de Ciências e de Tecnologias do Conhecimento do Conselho Nacional de Pesquisas (ISTC-CNR) desde 1981.

Por meio do apoio individual às equipes

Desde o início, a construção da rede de unidades educativas foi realizada simultaneamente ao apoio individual de cada equipe pelas coordenadoras pedagógicas, de modo que todas elas pudessem atingir seus objetivos, mesmo aquelas com eventuais dificuldades. Acima de tudo, isso foi alcançado por meio de um trabalho centrado no relacionamento e na escuta, com a consciência de que o isolamento e a falta de reflexão sobre as práticas são um sério risco para todos — crianças, familiares e profissionais. É por meio da análise conjunta de práticas que podemos identificar problemas e superá-los. Privar-se de uma relação reflexiva com a ação cotidiana pode significar negar a nós mesmos estratégias de regulação necessárias ao funcionamento institucional.

Uma cultura organizacional sistêmica

A instalação da rede gerou uma cultura organizacional na qual a função pedagógica é agora onipresente na gestão da oferta educacional e socioeducacional proposta em nosso território. Essa cultura é sustentada por uma visão sistêmica que integra as instituições educativas, propicia a expansão da oferta global e garante a sua qualidade na pluralidade, como demonstrado nos capítulos anteriores.

COORDENAÇÃO PEDAGÓGICA E VÍNCULOS COM INSTITUIÇÕES E RECURSOS EXTERNOS

Assim como buscamos construir relacionamentos entre creches, escolas maternais e *aree bambini*, também procuramos estabelecer alianças com a comunidade local, associações, instituições e indivíduos. O outro lado do trabalho de coordenação pedagógica envolve, portanto, o desenvolvimento e o apoio ao diálogo entre as estruturas de Educação Infantil e a cidade.

Enriquecimento e aprimoramento das instituições educativas

O objetivo foi, sempre, estabelecer vínculos com as instituições e os recursos culturais e sociais presentes no território: bibliotecas, museus, teatros, associações voluntárias, a fim de demonstrar o valor cultural das instituições educativas e enriquecer seu patrimônio por meio do diálogo com equipamentos e recursos. Sonia Iozzelli deu alguns exemplos de projetos na e com a cidade no capítulo anterior. Ela mencionou lojistas, artesãos e jornais locais, em particular a revista de arte *NaturArt*, cuja edição dedica uma página a "Pistoia através dos olhos das crianças"[1] (vf. anexo, figura 72). Essa revista está disponível em todas as instituições.

A coordenação pedagógica trabalhou no nível do macrossistema, porque a educação diz respeito a toda a comunidade. A educação não acontece apenas na escola e na família. Os atores da área educacional devem saber dialogar e envolver outros profissionais: pediatras, psicólogos, assistentes sociais, docentes de outros níveis escolares, agentes culturais e outros. A ideia é não ficar confinado em sua própria identidade, mas, ao contrário, estender a mão para todos aqueles que cuidam de crianças em outras funções e com outros objetivos.

Experiências coletivas com parceiros externos

Ao optar por experiências que não se limitam a uma única instituição, sucessivos projetos conjuntos permitiram que grupos de diferentes equipamentos trabalhassem juntos e compartilhassem descobertas. Por exemplo, entre os percursos de formação atualmente em andamento, há um que reúne todas as escolas maternais — municipais, estaduais e privadas[2] — de um novo sistema de autoavaliação criado em colaboração com a Universidade

---

1. Cf. fotos e artigos sobre percursos infantis pela cidade ou "arte para brincar" no Jardim Volante, em Pistoia. Disponível em: https://www.discoverpistoia.it/18-08-giocare-con-l-arte/; https://www.instagram.com/p/BieujdvF7wK/. Acesso em: 20 mar. 2024.

2. Lembramos que na Itália existem três tipos de escolas maternais: municipais, privadas e estatais (Picchio; Musatti, 2010).

de Pavia. Outro projeto é aquele que professores e professoras de creches e escolas maternais estão seguindo juntos, com um artista, sobre o tema "Habitar o espaço". Esse tema tem como objetivo desenvolver a pesquisa e a descoberta dos profissionais por meio de práticas corporais e novas capacidades de expressão.

Projetos na cidade... e vozes de crianças

Organizamos na cidade eventos frequentes e projetos recorrentes com estabelecimentos educativos. As muitas conferências e exposições que organizamos, juntamente às nossas publicações, ajudaram a aumentar a visibilidade de sua qualidade pedagógica. Nosso objetivo tem sido ampliar nossas experiências, orientá-las para um projeto cívico forte que leve ao reconhecimento público e buscar oportunidades de intercâmbios e visitas, com a convicção de que o investimento em indivíduos é ainda mais forte do que investir no grupo de trabalho e ainda mais poderoso quando se traduz em projetos comunitários. É por isso que tentamos estimular o diálogo entre as instituições educativas e a cidade, fazendo com que as vozes das crianças sejam ouvidas nos principais eventos.

O mais recente deles foi a exposição "Pistoia vista pelas crianças", da qual participaram creches e escolas maternais que puderam estabelecer um diálogo direto entre as crianças, a cidade e seus visitantes. Os trabalhos das crianças foram expostos nas janelas do centro histórico de Pistoia, onde seus pensamentos e desenhos puderam ser apreciados por todos (Rayna, 2017) (vf. anexo, figuras 73 e 74).

Reuniões anuais, profissionalização e reconhecimento

Alguns eventos já se transformaram em grandes eventos anuais há muito tempo. Vejamos, por exemplo, o "Histórias e café da manhã", durante o qual, em uma manhã de outubro, as crianças contam uma história nos cafés do centro da cidade enquanto desfrutam de um delicioso café da manhã. Ou "Uma noite de contos", quando, após o jantar, as creches e escolas maternais se transformam para receber pais, mães e crianças em uma atmosfera de sonhos e magia, o momento de ouvir e vivenciar uma bela história juntos... (vf. anexo, figura 75).

Todas essas experiências não apenas promovem o diálogo entre a cidade e suas estruturas educativas, mas também proporcionam uma importante oportunidade de desenvolvimento profissional. Estar em formação significa participar de projetos que oferecem novos estímulos culturais e incentivam a reflexão, que exigem que apresentemos um espetáculo público, criando oportunidades que atraiam a participação das famílias e do público em geral, além de ações de solidariedade em toda a comunidade.

Para creches, escolas maternais e *aree bambini*, ter um lugar em tais eventos significa que sua função na educação da primeira infância é reconhecida e que elas são parcerias importantes para a cidade. Isso cria visibilidade para o que as crianças dizem e pensam, reconhecendo a importância das opiniões dessas pequenas pessoas...

O envolvimento pessoal das coordenadoras pedagógicas

O envolvimento pessoal das coordenadoras pedagógicas na organização e no apoio, mas também na ação, durante os projetos com a cidade, é muito importante. Em especial, aqueles que envolvem os familiares.

Ao longo dos anos, foram muitos os projetos para redescobrir o prazer de nos reunirmos como adultos. Estes incluem passeios na natureza, coros e oficinas de costura e culinária, bem como projetos mais íntimos que fornecem a mães e pais o espaço e o tempo para falar sobre as suas experiências. Esses projetos deram origem a novos encontros e a novas amizades. Por exemplo, as ocasiões em que são convidados a falar sobre a razão de terem escolhido um determinado nome para o seu filho ou filha, quais foram as suas emoções durante o período de "adaptação" à creche, qual era o brinquedo preferido da criança, a história que gostavam de ouvir quando criança ou, ainda, quais suas aspirações para o futuro.

Paralelamente a essas oportunidades de trocas próximas com e entre os familiares, outros projetos tomaram forma visando manter a sua participação na vida pública: eles foram encorajados a pensar, escolher e formular ações concretas a serem implementadas pelas instituições educativas. Surgiram assim verdadeiras iniciativas cívicas conduzidas por grupos formados por representantes dos vários comitês de gestão — Antonia Mastio falou da importância do seu trabalho em seu capítulo —, que criaram laços estreitos entre as famílias, as estruturas educativas e a cidade. Um grupo de pais e mães criou a associação Albero Giallo, que reúne voluntários entre familiares antigos e novos, ex-docentes, avós etc., com diferentes competências e paixões para organizar eventos para as creches e escolas maternais da cidade.

COORDENAÇÃO PEDAGÓGICA E FORMAÇÃO CONTINUADA DE DOCENTES

A coordenação pedagógica desempenhou, e continua desempenhando, um papel fundamental, não apenas no fornecimento de suporte para as equipes educacionais que trabalham em rede e desenvolvem projetos na e com a cidade, mas também na escolha da formação em serviço para professores e professoras de creches, escolas maternais e *aree bambini*, que têm direito a 150 horas por ano para essas atividades sem as crianças.

A formação continuada e em serviço é projetada e oferecida sistematicamente ao longo do ano, na forma de uma série de reuniões de alta qualidade, planejadas para cultivar um pensamento aberto à complexidade e apoiar uma reflexão pedagógica aprofundada. A pergunta inicial foi: quais habilidades são necessárias para trabalhar com crianças pequenas? Essa foi a pergunta feita recentemente pelo Projeto CoRe, encomendado pela Comissão Europeia (Urban *et al.*, 2011).

Uma visão ampla e integrada da profissão docente

Não há consenso entre os países sobre as características profissionais necessárias para trabalhar em ambientes de primeira infância. Em Pistoia, nosso objetivo foi construir uma profissão ampla e integrada, com base em um conceito que une cuidados, aprendizado, pedagogia e funções sociais. Portanto, rejeitamos qualquer ideia de profissionais como técnicos, especialistas que produzem resultados predefinidos. Pelo contrário, nosso objetivo permanente é ver profissionais qualificados em instituições educativas, capazes de trabalhar, do ponto de vista pedagógico, com crianças, mas também com suas famílias e a comunidade.

Isso implica transmitir a professores e professoras o valor de uma determinada maneira de ser e de pensar a educação para superar o tecnicismo e enraizar-se no campo do trabalho social que desmistifica banalidades e estereótipos no confronto das questões educativas urgentes e atuais. Isso significa aprimorar suas habilidades profissionais e sua capacidade de observar, ouvir e "ler" melhor os relacionamentos com as famílias para poder apoiá-las e, de modo mais geral, reconhecer a necessidade de adquirir habilidades de pensamento crítico e uma atitude de pesquisa da/e na prática diária com base na experiência concreta.

Participação contínua na pesquisa-ação

A participação de professores e professoras na "linha de frente" dos programas de pesquisa são formas importantes de apoiar a rede. De fato, demos prioridade a essa modalidade de formação, que é capaz de envolvê-los e ajudá-los a refinar a visão crítica de sua prática. O objetivo é sair de uma atividade indeterminada para uma ação cada vez mais fundamentada e intencional que não seja motivada pelo acaso e pela repetição de eventos. Nesse contexto, a escolha dos formadores provou ser de fundamental importância.

Com o passar do tempo, os projetos e os percursos de formação incentivaram os professores e as professoras a se encontrarem com o mundo dos pesquisadores[3], acadêmicos[4] e artistas (Prefeitura de Pistoia, 2002). Desde os primeiros projetos de pesquisa-ação com Tullia Musatti do ISTC-CNR no início da década de 1980, a formação tem privilegiado abordagens metodológicas que usam material visual, tais como vídeo e fotos, além de material textual — anotações, descrição analítica etc. — para estimular o diálogo e a comunicação nos ambientes educativos para a primeira infância.

3. Cf. Galardini *et al.*, 1995; Musatti *et al.*, 2014; Picchio; Mayer; Contini, 2015.
4. Cf. Becchi; Bondioli, 1997.

O que orienta a prática de professores e professoras ou grupos de docentes, portanto, não é uma panóplia de instrumentos vinculados a objetivos fechados ou programas decididos por outros, que reduzem os profissionais ao papel de executores passivos e desmotivados. O que queremos é que os professores elaborem o significado do que fazem e do que acontece (Dahlberg; Moss; Pence, 2011), daí a necessidade de apoiá-los em uma atitude de reflexão e no desenvolvimento de seu pensamento investigativo. Além disso, dar sentido ao que fazemos ou tentamos fazer com as crianças envolve ouvir, falar e compartilhar com os colegas. É por isso que é tão importante participar de pesquisas que levem as professoras e os professores a trabalhar juntos de forma colegiada para garantir estruturas democráticas para a primeira infância.

Documentação e pesquisa

Essa é uma das razões pelas quais, conforme demonstrado em outros capítulos, foram desenvolvidas ferramentas de documentação (Giovannini, 2001) e reflexão para ajudar os professores e professoras a relatar a experiência das crianças, discutir maneiras de melhorar sua prática e avaliar a experiência cotidiana. Pudemos mostrar como a construção e o domínio dessa atividade de documentação e da análise das práticas têm sido frutíferos no apoio ao profissionalismo dos docentes, especialmente durante um projeto de pesquisa-ação de três anos com um grupo de creches em torno de um "diário semanal" das turmas (Picchio *et al.*, 2012), que se tornou uma prática padrão nas instituições educativas atuais (vf. anexo, figura 76). O diário está disponível para leitura em cada turma de crianças.

Mais recentemente, a prática de documentação usando o PowerPoint foi introduzida e discutida com as professoras Gabri Magri e Marta Grassi durante um seminário em Lyon (Giovannini *et al.*, 2015; Musatti; Giovannini, 2015). Ele foi testado durante um projeto de pesquisa-ação que ativou os "processos sociais" de aprendizagem e pesquisa em um momento muito importante de renovação da equipe. O objetivo era apoiar a prática profissional das equipes e explorar com mais profundidade, por meio de uma ampla variedade de exemplos, os seguintes temas comuns: "Maravilha" (2012-2013) (vf. anexo, figura 77), "Sociabilidade" (2013-2014), "Mudança"

(2014-2015), "Explorando o mundo" (2015-2016) (vf. anexo, figura 78) e "Todos e tudo: a criança no grupo" (2016-2017).

A partir de cada um desses temas, professores e professoras identificaram um aspecto específico que cada grupo explorou em maior profundidade, com base em sua própria experiência, com a ajuda de documentação composta por textos e material fotográfico. Cada equipe de creche e escola maternal analisou os processos de desenvolvimento no centro da experiência das crianças e, em seguida, produziu uma apresentação em PowerPoint que foi apresentada aos colegas dos outros grupos em reuniões com a presença de todos os participantes. Entre a coleta de dados escritos e fotográficos e a produção do documento em PowerPoint, cada equipe se reuniu com o coordenador pedagógico, que os ajudou a refinar seus pensamentos e a determinar o ponto em torno do qual construir sua apresentação. Foi assim que conseguimos compartilhar o estudo do mesmo tema por meio de uma ampla gama de situações e pontos de vista, uma vez que o mesmo assunto deu origem a diferentes leituras e interpretações. As apresentações para colegas de outras organizações foram momentos importantes do processo. Os docentes assumiram um papel duplo. Em primeiro lugar, o de testemunha de sua própria experiência, graças a um trabalho meticuloso de reflexão que lhes permitiu atribuir significado à sua prática profissional. Em segundo lugar, como um "amigo crítico", que consiste em discutir os pontos de vista dos colegas em uma troca que pode levar a debates interessantes.

Atribuir o papel de protagonista na observação e análise dos fenômenos estudados, documentar a própria experiência por meio da escrita e de imagens e, finalmente, poder apresentar a documentação a um grupo maior de colegas tiveram um impacto significativo em termos de participação por parte dos professores, destacando suas habilidades de reflexão, como discutiremos mais adiante. Não há dúvida de que a natureza pública da discussão possibilitou o compartilhamento de experiências com base na intersubjetividade e na formação de uma comunidade de aprendizagem e prática (Wenger, 1998; Lave; Wenger, 1991), na qual a documentação pedagógica (Giovannini *et al.*, 2015; Musatti; Giovannini, 2015) teve um papel decisivo, assim como a exibição pública desse trabalho e o projeto de publicação coletiva que resultou dessa pesquisa-ação, denominada em português "Estar junto, conhecer junto"(Musatti *et al.*, 2018).

A "intercoletividade" para a formação de uma comunidade de aprendizado e de práticas

Toda essa dinâmica de pesquisa foi vinculada à nossa prática de formação das equipes (Pirard, 2016). Os objetivos do grupo de coordenadores pedagógicos, baseados na defesa e na promoção de uma cultura colaborativa, e o fomento de comunicação constante com e entre os professores resultaram em reuniões entre equipes pedagógicas de diferentes instituições sobre questões abertas a respeito da vida cotidiana de suas escolas.

Essa metodologia de formação produziu resultados frutíferos. Permitiu o compartilhamento de experiências, alimentou o prazer de mostrar aos colegas o trabalho que eles fizeram, e fortaleceu o sentimento e a noção de acolhimento. As equipes das instituições onde as reuniões acontecem se envolvem para se apresentar em sua melhor forma.

Os grupos podem ser homogêneos, formados, por exemplo, por todos os professores e professoras que cuidam das crianças mais novas nas creches (sobre o tema da sociabilidade das crianças ou o valor do projeto educativo etc.), ou por todos os que trabalham nas turmas de 4 anos das escolas maternais (sobre o tema trilhas de aprendizagem etc.). Eles também podem ser grupos que combinam diferentes equipes que se reúnem para realizar um projeto específico. Por exemplo, o grupo criado para analisar mais de perto as práticas usadas para receber as várias delegações de visitantes que vêm às nossas instituições, com vista a uma apresentação em um simpósio em Bruxelas (Cappelini, 2018).

A prática de "reuniões intercoletivas" (como chamamos essas reuniões) contribuiu muito, durante vários anos, para a formação de uma comunidade de aprendizado e de práticas. Essas reuniões têm ajudado os professores e as professoras a refletir de forma colegiada e a compreender as necessidades recorrentes nas diferentes instituições a partir de análises comparativas entre si.

Locais para desenvolvimento pessoal

Essa dimensão social da formação docente não teria tido os mesmos resultados se não tivesse sido combinada com nossos esforços para garantir que as instituições educativas sejam locais de desenvolvimento pessoal, onde professoras e professores possam desenvolver todas as suas capacidades, tornar-se protagonistas ativos e demonstrar seus vários "dons e talentos". Dessa forma, foram auxiliados a compreender do que gostam e o que fazem melhor, suas qualidades realizando projetos que levem em conta suas preferências culturais, habilidades e criatividade. Como já dissemos, esse também foi o ponto de partida para o nascimento das *aree bambini*, com o mérito de organizar espaços que oferecem atividades específicas, tais como leitura, exploração de materiais, arte com docentes qualificados e talentosos.

APRENDER COM OS OUTROS, CONTAR AOS OUTROS SOBRE SI MESMO

O compromisso permanente da coordenação pedagógica é o de apoiar as instituições educativas como locais onde as pessoas possam se conhecer, aprender a manter e aprofundar relacionamentos e vínculos; onde possam desenvolver suas habilidades e engajar-se em projetos ambiciosos; onde possam construir uma vida social intersubjetiva aberta ao diálogo, à troca e à expressão. Para isso, enfatizamos a importância de superar os limites físicos das instituições por meio de nosso trabalho de coordenação que é realizado nas visitas e criando circulação de ideias, projetos e pesquisas compartilhadas.

Participação em redes mais amplas

O desenvolvimento de profissionais competentes, suficientemente formados para lidar com preocupações culturais e assumir compromissos na sociedade, que gostem de seu trabalho, sejam entusiasmados e capazes de se divertir com as crianças, pressupõe que eles se sintam parte de uma rede mais ampla que os conecte a outras comunidades além da nossa. Era óbvio para nós que deveríamos participar ativamente, em nível nacional, do trabalho da Rede *Nidoinfanzia*, como Anna Lia Galardini apontou no capítulo 1. Nosso envolvimento nas muitas reuniões dessa rede são oportunidades de compartilhar, de nos confrontar e de aprender uns com os outros.

A experiência de Pistoia se insere no contexto institucional da região da Toscana, que há mais de trinta anos vem investindo quantitativa e qualitativamente em crianças pequenas por meio do reconhecimento das instituições da primeira infância como locais de cuidado e educação, assumindo a governança e a coordenação, e garantindo o advento de um sistema integrado com identidade própria. A abordagem toscana (Cartasi; Fortunati, 2012) considera cruciais a atenção ao planejamento do ambiente educativo, a flexibilidade do currículo e os esforços para envolver as famílias. Esses são princípios que determinam a qualidade dos equipamentos que a experiência da cidade de Pistoia ajudou a desenvolver e a colocar em prática.

Além desse círculo local e nacional, queríamos incentivar outras formas de encontro que pudessem ampliar nossos horizontes e perspectivas, cruzando outras fronteiras. Organizamos viagens de estudo com grupos de professores para visitar outras cidades em outros países (Dinamarca, França, Estados Unidos, Japão, Espanha, Reino Unido etc.), para conhecer suas políticas sociais, escolhas educacionais e questões relacionadas ao espaço e ao tempo. Ao deixar o "íntimo e familiar" de nossas estruturas para penetrar em diferentes espaços e, assim, favorecer um profissionalismo que não esteja preso aos esquemas de uma cultura pedagógica e psicológica específica, podemos aproveitar ao máximo nossa experiência e olhar para o mundo em busca de recursos que possam fortalecer e enriquecer nossa prática.

Os profissionais de Pistoia participam de inúmeras viagens de estudo ao exterior graças à colaboração que desenvolvemos com vários parceiros internacionais. Nós também oferecemos oportunidades de formação para estudantes italianos e estrangeiros (da Dinamarca, Espanha etc., bem como do Japão) que vêm estudar em nossos estabelecimentos de ensino. O programa "Estudar em Pistoia" foi projetado especificamente para oferecer àqueles que trabalham na área da Educação Infantil, e que desejam aprofundar sua compreensão das estratégias educacionais e organizacionais desse rico patrimônio de experiência e conhecimento. É uma maneira diferente de oferecer formação. Além do que as universidades e os centros de pesquisa têm a oferecer, as práticas profissionais e os conhecimentos acumulados sobre a primeira infância também constituem um recurso para a formação de novas gerações de docentes. Estes são convidados a observar, participar e experimentar, em outras palavras, a vivenciar estruturas educacionais de dentro para fora e, dessa maneira, a pensar sobre a prática (Giovannini,

2010). Lá, eles encontram professores e professoras dispostos a mostrar e a explicar a riqueza de uma profissão que exige competências culturais, psicopedagógicas e interpessoais. Aprendem sobre uma profissão que demanda abertura para o diálogo, capacidade de trabalhar em grupo e de colaborar. Discutir trilhas metodológicas, métodos organizacionais e escolhas relacionadas desde a rotina das creches e escolas maternais até o fazer docente permite que nossa equipe de profissionais seja testemunha e transmissora direta de um projeto que demonstra e discute práticas, ideias e experiências que promovem os direitos das crianças a uma educação de qualidade. Fazer parte desse trabalho educativo lhes dá, aos nossos professores e professoras, competências profissionais para formar estudantes universitários que são cada vez mais numerosos em nossos estágios.

Nossos professores e professoras se reúnem regularmente com pesquisadores, gestores políticos, formadores e profissionais de outras cidades italianas e de muitos outros países. Esses encontros os auxiliam a se verem como parte de comunidades mais amplas, na Europa e no mundo, libertando as instituições educativas das limitações de uma visão provinciana. Esses encontros tornaram visível a cidade de Pistoia pela qualidade de seu compromisso com as crianças e, com isso, com os docentes implicados com seu trabalho, com inteligência e paixão. Alguns de nossos visitantes são inspirados por nossa própria experiência e o diálogo continua... A presença de visitantes em nossas creches e escolas maternais é de particular importância para todos: para as crianças, que podem refletir sobre o significado da hospitalidade; para os parentes, que muitas vezes participam da recepção pessoalmente; e para os docentes, que têm a oportunidade de falar sobre seu trabalho e vê-lo com outros olhos. Veja a seguir o que os professores têm a dizer:

> É uma oportunidade de desenvolvimento pessoal, porque se trata de reflexão e tomada de consciência. Também é uma oportunidade para o desenvolvimento coletivo. Não devemos apenas dizer às pessoas o que elas podem ver, mas também o que elas não podem ver, para que não seja apenas turismo educacional, mas uma verdadeira experiência de aprendizado para todos.

> Toda vez há uma troca aberta e espontânea com aqueles que, como nós, mas em outros lugares, cuidam de crianças; uma troca entre pessoas que sabem perfeitamente que cuidar de crianças significa cuidar da comunidade.
> Antes de receber os visitantes, a instituição se prepara, tanto fisicamente, para que as pessoas se sintam à vontade, quanto pedagógica e culturalmente, para que as pessoas entendam e criem uma oportunidade de troca e diálogo.

Por fim, gostaria de dizer algumas palavras sobre a importância de nossas relações, tanto antigas quanto mais recentes, com acadêmicos de vários países que formam e/ou realizam estudos com profissionais da primeira infância. Entre nossas longas e frutíferas colaborações estão aquelas com o Smith College em Northampton (Massachusetts), a Universidade das Ilhas Baleares e a Universidade de Vic (na Espanha): há vários anos recebemos seus alunos em estágio. Nossas relações com pesquisadores têm incentivado e nutrido nosso envolvimento em pesquisas. Projetos recentes incluem parcerias com a Open University de Londres e a Nagoya University of Arts do Japão. Os intercâmbios que desenvolvemos ao longo dos anos e os caminhos que compartilhamos nos ajudaram a desenvolver amizades além das fronteiras e que abriram novas oportunidades de trabalho e novos projetos, tais como o deste livro.

Referências

AIROLDI, T.; SANOU, I.; FRACHEBOUD, M. Vers davantage de place aux parents: deux centres de vie enfantine de Lausanne nourris par Pistoia, *In*: PIRARD, F.; RAYNA, S.; BROUGÈRE, G. (sous la direction de). *Voyages en petites enfances*: apprentissages et changements. Toulouse: érès, 2020.

AMBRUS, C. *et al.* À vos marques, prêt, Danemark. *Le Furet*, n. 74, 2014.

ANDRYS, M.; RHARBI, N. S'émouvoir et photographier à Pistoia: leviers d'apprentissages et de changements *In*: PIRARD, F.; RAYNA, S.; BROUGÈRE, G. (sous la direction de). *Voyages en petites enfances*: apprentissages et changements. Toulouse: érès, 2020.

ANOLLI, L.; MANTOVANI, S. Oltre il nido. Il tempo per le famiglie. *In*: BONDIOLI, A.; MANTOVANI, S. (a cura di). *Manuale critico dell'asilo nido*. Milan: Franco Agneli, 1987. p. 345-377.

ARDOINO, J. *Éducation et politique*: propos actuels sur l'éducation. Paris: Gauthier-Villars, 1977.

ARENDT, H. *La crise de la culture*. Paris: Gallimard, 1961.

BACHELARD, G. *La poétique de l'espace*. Paris: PUF, 1957. Disponível em: https://gastonbachelard.org/wp-content/uploads/2015/07/BACHELARD-Gaston-La-poetique-de-l-espace.pdf. Acesso em: 5 mar. 2024. (*La poetica dello spazio*. Bari: Dedado, 1975).

BASTIANINO, P.; TAURINO, A. (a cura di). *Famiglie e genitorialità oggi*. Milan: Unicopli, 2007.

BAUDELOT, O.; MUSATTI, T. Politiques municipales aujourd'hui: les coordinateurs de la petite enfance. *Politiques d'Éducation et de Formation*, n. 2, p. 71-84, 2002.

BAUDELOT, O.; RAYNA, S. La coordination de la petite enfance: une nouvelle fonction relationnelle. *Recherches et Prévisions*, n. 61, p. 61-73, 2000.

BAUDELOT, O.; RAYNA, S.; MAYER, S.; MUSATTI, T. A comparative analysis of the function of coordination of early childhood education and care in France and Italy. *Early Years Education*, n. 11, p. 105-116, 2003.

BECCHI, E.; BONDIOLI, A. (a cura di). *Valutare e valutarsi nelle scuole dell'infanzia del Comune di Pistoia*. Un modello di formazione degli insegnanti. Bergamo: Edizioni Junior, 1997.

BECCHI, E.; GALARDINI, A.; IOZZELLI, S.; MASTIO, A.; GIOVANNINI, D.; BONDIOLI, A.; FERRARI, M.; BOCCACCINI, L.; RAUCH, A. *Una pedagogia del buon gusto*. Esperienze e progetti dei servizi educativi per l'in fanzia del Comune di Pistoia. Milan: Franco Angeli, 2009.

BEN SOUSSAN, P. Il faut ouvrir les écoles maternelles comme à Pistoia. *Spirale*, n. 46, p. 7-11, 2008.

BOLOGNESI, I. Le famiglie immigrate e i servizi per la prima infanzia: modelli di cura e strategie educative a confronto. *Pedagogia e Didattica*, v. 5, n. 1, 2010.

BONDIOLI, A. *O tempo no cotidiano infantil*: perspectivas de pesquisa e estudo de casos. São Paulo: Cortez, 2012.

BONDIOLI, A. BECCHI, E. *Avaliando a pré-escola*: uma trajetória de formação de professoras. 1. ed. Campinas: Autores Associados, 2003.

BOTTA, M.; CREPET, P. *Dove abitano le emozioni*: la felicità e i luoghi in cui viviamo. Torino: Einaudi, 2007.

BOUVE, C.; MASTIO, T. Pistoia, terre d'enfances. *Le Furet*, n. 55, p. 30-31, 2008.

BOUVE, C. Parents involvement. *In*: NEW, R.; COCHRAN, M. (sous la direction de). *Early childhood education*. An international encyclopedia. Westport-Londres: Praeger, 2007. p. 1141-1145.

BOVE, C.; MANTOVANI, S.; ZANINELLI, F. Ascoltare le voci dei genitori immigrati nelle scuole dell'infanzia. Temi e dialoghi emersi da una ricerca nella scuole dell'infanzia italiane. *Rivista di Studi Familiare*, n. 1, p. 59 -75, 2010.

BRIL, B.; PARRAT-DAYAN, S. *Materner?* Du premier cri aux premiers pas. Approche culturelle et historique du contexte du développement du tout-petit. Paris: Odile Jacob, 2008.

BRONFENBRENNER, U. Ecological system theory. *In*: VASTA, R. (ed.). *Six theories of child development.* London: J. Kingsley Publisher, 1989. p. 187-249.

BRONFENBRENNER, U. The ecology of cognitive development. *In*: WOOZNIAK, R.; FISHER. K. (ed.). *Development context.* Hillsdale: Lawrence Earlbaum, 1993. p. 3-44.

BRONFENBRENNER, U. *The ecology of the human development.* Cambridge: Harvard University Press, 1979.

BROUGÈRE, G. *Parents, pratique et savoirs au préscolaire.* Bruxelles: Peter Lang, 2010.

BROUGÈRE, G.; GUENIF-SOUILAMAS, N.; RAYNA, S. De l'usage de l'altérité pour comprendre le préscolaire. *In*: BROUGÈRE, G.; VANDENBROECK, M. (sous la direction de). *Repenser l'éducation des jeunes enfants.* Bruxelles: Peter Lang, 2007. p. 263-284.

BRUNER, J. Ce que nous avons appris des premiers apprentissages. *In*: RAYNA, S.; LAEVERS, F.; DELEAU, M. (sous la direction de). *Quels objectifs pédagogiques pour l'éducation préscolaire?* Paris: INRP-Nathan, 1996.

BRUNER, J. *The culture of education.* Cambridge: Harvard University Press, 1996/1997. (*L'éducation, entrée dans la culture.* Paris: Retz, 1997).

CAGLIARI, P.; CASTAGNETTI, M.; GIUDICI, C.; RINZALDI, C.; VECCHI, V.; MOSS, P. *Loris Malaguzzi and the schools of Reggio Emilia.* London: Routledge, 2016.

CALVINO, I. *As cidades invisíveis.* São Paulo: Companhia das Letras, 1990.

CANNONI, G.; TASSINARI, S. *La scuola e l'ente locale per l'innovazione educativa.* Firenze: Giunti, 1999.

CAPPELLINI, D. *Accueillir dans les services de la petite enfance.* Québec: Les Publications du Québec, 2018.

CAPPELLINI, D.; GIOVANNINI, D.; CONTINI, M. L. Trente ans d'accueil de visiteurs et de stagiaires dans les structures de la petite enfance de Pistoia. *In*: PIRARD, F.; RAYNA, S.; BROUGÈRE, G. (sous la direction de). *Voyages en petites enfances*: apprentissages et changements. Toulouse: érès, 2020.

CATARSI, E. (a cura di). *Coordinamento pedagogico e servizi per l'infanzia.* Bergamo: Edizioni Junior, 2010.

CATARSI, E.; FORTUNATI, A. *Nidi d'infanzia in Toscana.* Bergamo: Edizioni Junior, 2012.

CEPPI, G.; ZINI, M. *Bambini, spazi, relazioni.* [*S. l.*]: Reggio Children, Domus Academy, Research Center, 2008.

CHENG, F. *Cinq méditations sur la beauté.* Paris: Albin Michel, 2006.

COMUNE DI PISTOIA. La carta dei servizi educativi del Comune di Pistoia. Pistoia, 2004. Disponível em: https://www.comune.pistoia.it/La-carta-servizi-educativi. Acesso em: 5 mar. 2024.

COMUNE DI PISTOIA. Associazione Arte in Erba (sous la direction de). *Il bambino con arte nel museo.* Bergamo: Edizioni Junior, 2002.

CONTINI, M. *Per una pedagogia delle emozioni.* Firenze: La Nuova Italia, 1992.

CYRULNIK, B.; MORIN, E. Dialogue sur la nature humaine. *Revue [Petite]Enfance*, Paris: L'Aube, n. 107, p. 79-86, 2019.

DAHLBERG, D.; MOSS, P. Au-delà de la qualité, vers l'éthique et la politique en matière d'éducation préscolaire. *In*: BROUGÈRE, G.; VANDENBROECK, M. (sous la direction de). *Repenser l'éducation des jeunes enfants.* Bruxelles: Peter Lang, 2007. p. 53-76.

DAHLBERG, G.; MOSS, P.; PENCE, A. *Au-delà de la qualité del'accueil de la petite enfance.* Toulouse: érès, 2011.

DE MARCHI, G. *Dell'abitare.* Palermo: Sellerio Editore, 1998.

DECET. *Diversité et équité.* Donner du sens aux pratiques de qualité. 2007. Disponível em: www.decet.org. Acesso em: 5 mar. 2024.

DECET. *Diversité et inclusion sociale.* 2010. Disponível em: www.decet.org. Acesso em: 5 mar. 2024.

DELAISI DE PARSEVAL, G.; LALLEMAND, S. *L'art d'accommoder les bébés.* 100 ans de recettes de puériculture. Paris: Odile Jacob, 1980.

DEMETRIO, D. *La filosofia del camminare.* Milan: Raffaello Cortina Editore, 2005.

DEWEY, J. *Experience and education*. New York: Macmillan, 1938. (*Démocratie et éducation, suivi de expérience et éducation*. Paris: Armand Colin, 2011).

DI GIAN DOMENICO, I.; MUSATTI, T. La situation sociale dans les Centri per bambini e famiglie en Italie: une étude ethnographique. *Revue Internationale d'Éducation Familiale*, v. 2, n. 40, p. 61-79, 2016.

DI GIAN DOMENICO, I.; MUSATTI, T.; PICCHIO, M. Analyser la qualité de l'expérience quotidienne des enfants en milieu d'accueil: la documentation écrite. *In*: GUIDE méthodologique erato, 2011. Disponível em: www.lefuret.org. Acesso em: 5 mar. 2024.

DI GIAN DOMENICO, I.; PICCHIO, M. Documenter et analyser à plusieurs les pratiques éducatives. *Le Furet,* n. 70, p. 6-7, 2013.

EDWARDS C. *et al. As cem linguagens da criança*. Porto Alegre: Penso, 2015. v. 1 (A abordagem de Reggio Emilia na Educação da primeira infância).

EDWARDS, C. *et al. As cem linguagens da criança*. Porto Alegre: Penso, 2015. v. 2 (A experiência de Reggio Emilia em transformação).

FAVARO, G. *A scuola nessuno è straniero*. Firenze: Giunti, 2011.

FAVARO, G.; LUATTI, L. *Il tempo dell'integrazione*. Milan: Franco Angeli, 2008.

FAVARO, G.; MANTOVANNI, S.; MUSATTI, T. *Une crèche pour vivre ensemble*. Toulouse: *érès*, 2008.

FERRARI, M. (sous la direction de). *Carta dei servizi educativie percorsi identitari*. Bergamo: Edizioni Junior, 2010.

FINCO, D.; GOBBI, M. A.; FARIA A. L. G. *Creche e feminismo*: desafios atuais para uma educação descolonizadora. São Paulo: Edições Leitura Crítica; Associação de Leitura do Brasil; Fundação Carlos Chagas, 2015.

FORMENTINI, P. Gli alberi animati. *In*: GALARDINI, A. L.; IOZZELLI, S. (a cura di). *Per mano*. Pistoia: itinerari dei bambini nella natura. Siena: Gli Ori, 2010.

FUKUYAMA, F. *La grande distruzione*. Milan: Baldini & Castold, 2001.

FUSARI, A. As crianças e os direitos de cidadania: a cidade como comunidade educadora. *Educação & Sociedade*, v. 23, n. 78, abr. 2002. Disponível em: https://doi.org/10.1590/S0101-73302002000200014. Acesso em: 5 mar. 2024.

FUSARI, A. *Un progetto di città educativa*. Comune di Pistoia, 1998.

GALARDINI, A. Abitare il nido. *In*: GALARDINI, A. L. (a cura di). *Crescere al nido*. Rome: Carocci Editore, 2003a.

GALARDINI, A. L. (sous la direction de). *Crescere al nido*. Rome: Carocci, 2003b.

GALARDINI, A. Gli spazi speciali al nido *Servizi educativi per la prima infanzia*. Guida la progettazione. Firenze: Regione Toscana, 2003c.

GALARDINI, A. L. De nouveaux services pour la petite enfance en Italie. *In*: RAYNA, S.; BELAN, X. (sous la direction de). *Quel accueil demain pour la petite enfance?* Toulouse: érès, 2007. p. 101-106.

GALARDINI, A. L. Peut-on encore croire à la culture? *Spirale,* n. 56, p. 103-105, 2010.

GALARDINI, A. L. Pistoia: la ville et les enfants. *Spirale,* n. 68, p. 171-174, 2013.

GALARDINI, A. L. Réseau et documentation: l'expérience italienne pour la qualité educative. *In*: RAYNA, S.; BOUVE, C.; MOISSET. P. (sous la direction de). *Un curriculum pour un accueil de qualité de la petite enfance*. Toulouse: érès, 2009/2014. p. 109-119.

GALARDINI, A. L. Temps et espaces pour lire avec les enfant: une documentation des services éducatifs de direction enfance. *In*: RAYNA, S.; BAUDELOT, O. (sous la direction de). *On ne lit pas tout seul!* Toulouse: érès, 2011. p. 239-244.

GALARDINI, A. L.; GIOVANNINI, D.; MAYER, S.; MUSATTI, T. (a cura di). Di fronte agli oggetti: i primi passi dei bambini nella sperimentazione scientifica. *Bambini*, n. 6, p. 1-32, 1995.

GALARDINI, A. L.; GIOVANNINI, D.; MUSATTI, T. (a cura di). Area bambini: i nuovi servizi educativi per l'infanzia a Pistoia. *Bambini*, n. 1, p. 1-32, 1993.

GANDINI, L.; HILL L. T.; CADWELL, L.; SCHWALL, C. (org.). *O papel do ateliê na Educação Infantil*: a inspiração de Reggio Emilia. Porto Alegre: Penso, 2019.

GALARDINI, A. L.; IOZZELLI, S. (a cura di). *Per mano*. Pistoia: itinerari dei bambini nella natura. Siena: Gli Ori, 2010.

GANDINI, L.; POPE EDWARDS, C. (ed.). *Bambini*: the Italian approach to infant/toddler care. New York: Teachers College; London: Columbia University, 2001.

GARNIER, P. Enfants, parents, professionnelles: regards croisés sur la culture matérielle. *In*: GARNIER, P.; RAYNA, S. (sous la direction de). *Recherches avec les jeunes enfants*. Perspectives internationales. Bruxelles: Peter Lang, 2017. p. 11-134.

GARNIER, P. La culture matérielle enfantine. Catégorisation et performativité des objets. *Strenae*, n. 4, 2012. Disponível em: http://strenae.revues.org/761. Acesso em: 5 mar. 2024.

GARNIER, P.; RAYNA, S. *Recherches avec les jeunes enfants*. Perspectives internationales. Bruxelles: Peter Lang, 2017.

GIOVANNINI, D. Ambienti e spazi, per una pedagogia del buon gusto. L'esperienza di Pistoia. *In*: FORTUNATI, A.; CATARSI, E. (a cura di). *L'approccio Toscano all'educazione della prima infanzia*. Bergamo: Edizioni Junior, 2011. p. 60-65.

GIOVANNINI, D. Gioco e progettualità al nido. *In*: CRISPIANI, P. (a cura di). *Dossier nido, manuale per la formazione dell'opera tore*. Rome: Armando Editore, 1996. p. 149- 165.

GIOVANNINI, D. Gioco e splorazione e rischio. *Bambini,* p. 44-47, 2014.

GIOVANNINI, D. Le attività al nido. *In*: GALARDINI, A. L. (a cura di). *Crescere al nido*. Rome: Carocci Editore, 2003a. p. 107-123.

GIOVANNINI, D. I bambini traloro: la vita di gruppo nel nido. *In*: GALARDINI, A. L. (sous la direction de). *Crescere al nido*. Rome: Carocci Editore, 2003b. p. 87-106.

GIOVANNINI, D. Scambi e reti. *In*: BECCHI, E. (a cura di). *Una pedagogia del buon gusto*. Esperienze e progetti dei servizi educativi per l'infanzia del Comune di Pistoia. Milan: Franco Angeli, 2010. p. 115-133.

GIOVANNINI, D. Traces of childhood. A child's diary. *In*: GANDINI, L.; POPE EDWARDS, C. (ed.). *Bambini*. The Italian approach to infant/toddler care. New York: Teacher College Press, 2001. p. 146-151.

GIOVANNINI, D.; GANDINI, L. Gli strumenti della professionalita: progettare e documentare le esperieze. *In*: GALARDINI, A. L. (a cura di). *Crescere al nido*. Rome: Carocci Editore, 2003. p. 141-154.

GIOVANNINI, D.; GRASSI, M.; MAGRI, G.; PICCHIO, M.; MUSATTI, T. *Documentation et pédagogie de la petite enfance*: pratiques de Pistoia, conférence à l'Institut français de l'éducation, École normale supérieure. Lyon, 29 mai 2015.

GREVE, A. L'expérience et l'importance de l'activité physique dans le préscolaire norvégien. *Le Furet*, n. 81, p. 43-44, 2016.

GUERRA, M.; LUCIANO, E. (sous la direction de). *Costruire partecipazione.* Bergamo: Edizioni Junior, 2014.

GUIDETTI, M.; LALLEMAND, S.; MOREL, M.-F. *Enfances d'ailleurs, d'hier et d'aujourd'hui.* Paris: Armand Colin, 1997.

GUINCHARD HAYWARD, F.; DESPONDS THEURILLAT, V. Un voyage d'étude à Pistoia: de l'émotion à la recherche d'autres pratiques de formation. *In*: PIRARD, F.; RAYNA, S.; BROUGÈRE, G. (sous la direction de). *Voyages en petites enfances*: apprentissages et changements. Toulouse: érès, 2020.

HILLMAN, J. *L'anima dei luoghi.* Milan: Rizzoli, 2004.

HUGO, V. *L'art d'être grand-père.* Paris: Gallimard, 2002.

JEGU, O.; LEMOINE, M.; THOMAS, J. Le voyage d'étude pour se former autrement. *Le Furet*, n. 69, p. 32-33, 2012.

LA CECLA, F. *Perdersi. L'uomo senza ambiente.* Bari: Laterza, 2005.

LAHIRE, B. (sous la direction de). *Enfances de classe.* De l'inégalité parmi les enfants. Paris: Le Seuil, 2019.

LAVE, J.; WENGER, E. *Situated learning.* Legitimate peripherical participation. Cambridge: Cambridge University Press, 1991.

MAGRINI, G.; GANDINI, L. Inclusion. Dario's story. *In*: GANDINI, L.; POPE EDWARDS, C. (ed.). *Bambini.* The Italian approach to infant/toddler care. New York: Teacher College Press; London: Columbia University, 2001. p. 152-163.

MALAGUZZI, L. Educational and caring spaces. *In*: EDWARDS, S.; GANDINI, L.; FORMAN, G. (ed.). *The hundred languages of children.* Norwood: Ablex, 1993. p. 161-178.

MALAGUZZI, L. *La gestione sociale.* Rome: Riuniti, 1972.

MANTOVANI, S. Italy. *In*: NEW, R.; COCHRAN, M. (ed.). *Early childhood education.* An international encyclopedia. Westport-London: Praeger, 2007a. p. 1110-1115.

MANTOVANI, S. Pedagogy. *In*: NEW, R.; COCHRAN, M. (ed.). *Early childhood education*. An international encyclopedia. Westport-London: Praeger, 2007b. p. 1115-1118.

MANTOVANI, S.; MUSATTI T. New educational provisions for young children in Italy. *European Journal of Psychology of Education*, n. 11, p. 119-128, 1996.

MANTOVANI, S.; TERZI, N. L'insierimento. *In*: BONDIOLI, A.; MANTOVANI, S. (a cura di). *Manuale critico dell'asilo nido*. Milan: Franco Angeli, 1987. p. 115-130.

MASTIO, A. Diversité et accueil de l'enfant en situation de handicap. *In*: FEUTRY, J.-P. (sous la direction de). *Respect des droits des enfants et pratiques éducatives en Europe*. Paris: L'Harmattan, 2010.

MASTIO, A. Famiglie e servizi educativi: la política del comunune. *In*: BECCI, E. *et al*. *Una pedagogia del buon gusto*. Milan: Franco Angeli, 2009. p. 103-114.

MASTIO, A. Italie: diversité et accueil de l'enfant en situation de handicap. *In*: FEUTRY, J.-P. (sous la direction de). *Respect des droits de l'enfant et pratiques éducatives en Europe*. Paris: L'Harmattan, 2011. p. 231-237.

MASTIO, A.; RAYNA, S. Avec les parents: modalités et outils de collaboration dans les services éducatifs de la petite enfance de Pistoia. *In*: RAYNA, S.; BOUVE, C. (sous la direction de). *Petite enfance et participation*. Toulouse: érès, 2013. p. 125-146.

MASTIO, A.; RAYNA, S. Coéducation à Pistoia. *Diversité*, n. 163, p. 52-58, 2010.

MASTIO, A.; TARTARICO, M. T. *Le famiglie tra loro, documentare la partecipazione*. Comune di Pistoia, 2007.

MAUREL, P. Créations de matériels de jeu beaux et innovants en centre de formation. *Le Furet*, n. 92, p. 22-23, 2019.

MAUSS, M. Essai sur le don. *Année sociologique, seconde série, 1923-1924*. Disponível em: http://www.uqac.uquebec.ca/zone30/Classiques_des_sciences_sociales/ index.html. Acesso em: 5 mar. 2024.

MAYER, S.; MUSATTI, T. L'organizzazione del comportamento: variazioni evolutive e interazione con l'ambiente. *In*: MUSATTI, T.; MANTOVANI, S. (a cura di). *Stare insieme al nido:* relazioni sociali e interventi educativi. Bergamo: Juvenilia, 1986. p. 110-134.

MAYER, S.; MUSATTI, T. Towards the use of symbol: play with objects and communication with adult and peers in the second year. *Infant Behavior and Development*, v. 1, n. 15, p. 1-13, jan./mar. 1992.

MILAN, M.; MUSATTI, T. Échanges dans une situation de faire semblant. *In*: STAMBAK, M. *et al. Les bébés entre eux*: découvrir, inventer et jouer ensemble. Paris: PUF, 1983. p. 93-134.

MILANI, L. *Lettera a una professoressa*. Firenze: Libreria Editrice Fiorentina, 1992.

MILANI, P. *Co-educare i bambini*. Lecce: Pensa Multimedia, 2008.

MORO, M. R. *Aimer ses enfants, ici et ailleurs*. Paris: Odile Jacob, 2007.

MORO, M. R. *Enfants d'ici venus d'ailleurs*. Naître et grandir en France. Paris: La Découverte, 2002.

MORTARI, L. *La pratica dell'aver cura*. [*S. l.*]: B. Mondadori, 2006.

MUSATTI, T. Échanges dans une situation de faire semblant. *In*: STAMBAK, M.; BONICA, L.; BARRIÈRE, M.; MAISONNET, R.; MUSATTI, T.; RAYNA, S.; ERBA, M. *Les bébés entre eux*: découvrir, inventer et jouer ensemble. Paris: PUF, 1983. p. 93-134.

MUSATTI, T. La signification des lieux d'accueil de la petite enfance aujourd'hui. *In*: BROUGÈRE, G.; VANDENBROECK, M. (sous la direction de). *Repenser l'éducation des jeunes enfants*. Bruxelles: Peter Lang, 2007. p. 2207-2224.

MUSATTI, T. Modalità e problemi del processo di socializzazione tra bambini in asilo nido. *In*: BONDIOLI, A.; MANTOVANI, S. (a cura di). *Manuale critico dell'asilo nido*. Milan: Franco Angeli, 1988. p. 233-249.

MUSATTI, T. Nido infanzia, un groupe national de la petite enfance en Italie. *Le Furet*, n. 58, p. 6-7, 2009.

MUSATTI, T. Tra bambini nel nido. *In*: BATTAGLIOLI, B.; BERZIGA, G. (a cura di). *Il nido compieventi anni*, Atti del convegno. Bergamo: Edizioni Junior, 1997.

MUSATTI, T.; GIOVANNINI, D.; MAYER, S.; LAGOMAGO, N. How to construct a curriculum in an Italian nido. *In*: MILLER, L.; CAMERON, C. (ed.). *International perspectives in the early years*. London: Sage, 2014. p. 85-110.

MUSATTI, T.; GIOVANNINI, D.; PICCHIO, M.; MAYER, S.; DI GIAN DOMENICO, I. *Stareinsieme, conoscere insieme*. Bambini e adulti nei servizi educativi di Pistoia. Parma: Edizione Junior, 2018.

MUSATTI, T.; GIOVANNINI, D. *Photographie et documentation pédagogique*. La pratique du PowerPoint en crèche, intervention au séminaire Éducation de la petite enfance. Institut Français de l'Éducation, École Normale Supérieure, Lyon, 28 mai 2015.

MUSATTI, T.; MAYER, S. (a cura di). *Il coordinamento dei servizi educativi per l'infanzia*. Una funzione emergente in Italia e in Europa. Bergamo: Edizioni Junior, 2003.

MUSATTI, T.; MAYER, S. Knowing and learning in an educational context: a study in the infant-toddler centers of the city of Pistoia. *In*: GANDINI, L.; POPE EDWARDS, C. (ed.). *Bambini*. The Italian approach to infant/toddler care. New York: Teachers College; London: Columbia University, 2001. p. 167-180.

MUSATTI, T.; MAYER, S. Les jeux de fiction dans la cour. *In*: STAMBAK, M.; SINCLAIR, H. (sous la direction de). *Les jeux de fiction entre enfants de trois ans*. Paris: PUF, 1990. p. 71-112.

MUSATTI, T.; MAYER, S. Sharing attention and activities among toddlers: the spatial dimension of the setting and the educator's role. *European Early Childhood Education Research Journal*, v. 19, n. 2, p. 207-220, 2011.

MUSATTI, T.; PANNI, S. La comunicazione in asilo-nido: la dina mica comunicativa tra adulti e bambini in piccolo grupo. *In*: MANTOVANI, S.; MUSATTI, T. (a cura di). *Adulti e bambini*: educare a comunicare. Bergamo: Juvenilia, 1983a. p. 124-133.

MUSATTI, T.; PANNI, S. La comunicazione in asilo-nido: momenti di sviluppo e situazione istituzionale. *In*: MANTOVANI, S.; MUSATTI, T. (a cura di). *Adulti e bambini*: educare e comunicare. Bergamo: Juvenilia, 1983b. p. 103-112.

MUSATTI, T.; PICCHIO, M. *Un luogo per bambini e genitori nella città*. Trasformazioni sociali e innovazioni nei servizi per l'infanzia e le famiglie. Bologne: Il Mulino, 2005.

MUSATTI, T.; PICCHIO, M.; MAYER, S. Continuous professional and quality: the case of Pistoia. *In*: VANDENBROECK, M.; URBAN, M.; PETEERS, J. (ed.). *Pathways to professionalism in early childhood education and care*. London: Routledge, 2016. p. 43-56.

MUSATTI, T.; RAYNA, S. Parents-professionnelles: rapports de pouvoir, savoirs sur la petite enfance et relations interpersonnelles en creche. *In*: BROUGÈRE, G. (sous la direction de). *Parents, pratiques et savoirs au préscolaire.* Bruxelles: Peter Lang, 2010. p. 115-134.

NUSSBAUM, M. *Coltivare l'umanità.* Rome: Carocci, 1999.

ORGANDE, C. 20 mois après une visite à Pistoia. Des nouveautés dans un multi-accueil rural. *Le Furet*, n. 85, 2017.

PASCUCCI, M.; STACCIOLI, G. *Itinerari nell'educazione.* Rome: Carocci, 2001.

PETERSON, S. S. Action research supporting students' oral language in Northern Canadian schools: a professional development initiative. *Journal of Research in Rural Education*, v. 27, n. 10, p. 1-16, 2012. Disponível em: https://jrre.psu.edu/volume/27. Acesso em: 23 set. 2024.

PETERSON, S. S.; HORTON, L.; RESTOULE, J. P. Toward a shift in expectations and values: what we've learned from collaborative action research in northern indigenous communities. *Canadian Journal of Action Research*, v. 17, n. 2, p. 19-32, 2016. Disponível em: https://journals.nipissingu.ca/index.php/cjar/issue/view/23. Acesso em: 23 set. 2024.

PETERSON, S. S.; MARKS KRPAN, C.; SWARTZ, L. University faculty, colleagues and teachers' federation as mentors in collaborative action research. *McGill Journal of Education*, v. 45, n. 2, p. 257-274, 2010.

PICCHIO, M.; GIOVANNINI, D.; MAYER, S.; MUSATTI, T. Documentation and analysis of children's experience: an ongoing collegial activity for early childhood professionals. *Early Years*: *An International Research Journal*, v. 32, n. 2, 2012.

PICCHIO, M.; MAYER, S.; CONTINI, L. *The Socialization of Children of Migrant Parents During their First Year in Crèche, communication au colloque petite enfance*: socialisation et transitions. Paris, 14 nov. 2015.

PICCHIO, M.; MAYER, M.; PENNATTI, P. Participer et communiquer l'expérience de deux enfants de parents migrants dans une crèche italienne. *In*: RAYNA, S.; BROUGÈRE, G. (sous la direction de). *Petites enfances, migrations et diversités.* Bruxelles: Peter Lang, 2014. p. 123-135.

PICCHIO, M.; MUSATTI, T. La culture de l'éducation de la petite enfance en Italie. *Revue Internationale d'Éducation de Sèvres*, n. 53, p. 101-110, 2010.

PIRARD, F. L'accompagnement curriculaire, un soin professionnel. *In*: RAYNA, S.; BROUGÈRE, G. (sous la direction de). *Le care dans l'éducation préscolaire*. Bruxelles: Peter Lang, 2016. p. 157-174.

PIRARD, F.; RAYNA, S.; BROUGÈRE, G. (sous la direction de). *Voyages en petites enfances*: apprentissages et changements. Toulouse: érès, 2020.

PREISSING, C.; WAGNER, P. (sous la direction de). *Les tout-petits ont-ils des préjugés?* Toulouse: érès, 2006.

RAUCH, A. L'immaginario bambino. *In*: MAZZOLI, F. (a cura di). *Documentare per documentare*. Regione Emilia-Romegna: [*s. n.*], 1999. p. 52-61.

RAYNA, S. (sous la direction de). *Avec les familles dans les crèches*. Expériences en Seine-Saint-Denis. Toulouse: érès, 2016.

RAYNA, S. La vie quotidienne à l'école maternelle. Qu'en disent les enfants (de) migrants et les autres?. *In*: RAYNA, S.; BROUGÈRE, G. (sous la direction de). *Petites enfances, migrations et diversités*. Bruxelles: Peter Lang, 2014. p. 169-191.

RAYNA, S. Qu'est-ce qu'on attend? *Spirale*, n. 82, p. 184-192, 2017.

RAYNA, S.; BROUGÈRE, G. (sous la direction de). *Le care dans l'éducation préscolaire*. Bruxelles: Peter Lang, 2016.

RAYNA, S.; BROUGÈRE, G. (sous la direction de). *Petites enfances, migrations et diversités*. Bruxelles: Peter Lang, 2014.

RAYNA, S.; GARNIER, P. (sous la direction de). *Transitions dans la petite enfance*. Bruxelles: Peter Lang, 2017.

RAYNA, S.; MUSATTI, T.; VANDENBROECK, M. (sous la direction de). Les lieux pour jeunes enfants et parents. Expériences internationales. *La Revue Internationale de l'Éducation Familiale*, 2016.

RAYNA, S.; RUBIO, M.-N.; SCHEU, H. (sous la direction de). *Parents-professionnels*. La coéducation en questions. Toulouse: érès, 2010.

REGGIO CHILDREN. Escolas e creches da infância de Reggio Emilia. *As cem linguagens em mini-histórias:* contadas por professores e crianças de Reggio Emilia. Tradução: Guilherme Adami. Revisão técnica: Ana Teresa Gavião A. M. Mariotti e Aparecida de Fátima Bosco Benevenuto. Porto Alegre: Penso, 2000.

REGGIO CHILDREN. *Tornando visível a aprendizagem*. Crianças que aprendem individualmente e em grupo. São Paulo: Phorte 2014.

RINALDI, C. *Diálogos com Reggio Emilia*: escutar, investigar, aprender. São Paulo: Paz e Terra, 2012.

RINALDI, C. *In dialogue with Reggio Emilia*. London: Routledge, 2006.

ROLLET, C.; MOREL, M.-F. *Des bébés et des hommes*. Traditions et modernité des soins aux tout-petits. Paris: Albin Michel, 2000.

ROSEMBERG, F.; CAMPOS, M. M. M. (org.). *Creches e pré-escolas no Hemisfério Norte*. São Paulo: Cortez, 1994. v. 1.

RUPIN, P.; GARNIER, P. Les enfants au jardin maternel: découvrir la vie en colllectivité. *In*: GARNIER, P.; BROUGÈRE, G.; RAYNA, S.; RUPIN, P. *À 2 ans, vivre dans un collectif d'enfants*. Toulouse: érès, 2016. p. 181-253.

SAINT-EXUPÉRY, A. de. *Le petit prince*. Paris: Gallimard, 1999.

SHARMAHD, N.; TERLIZZI, T. *Contesto e relazioni*: educatrici e genitori nei nidi pistoiesi. Bergamo: Edizioni Junior, 2008.

SILVA, C. *Intercultura e cura educativa nel nido e nella scuolla dell' infanzia*. Parma: Edizione Junior, 2011.

SINCLAIR, H.; STAMBAK, M.; LEZINE, I.; RAYNA, S.; VERBA, M. *Les bébés et les choses*. La créativité du développement cogniti. Paris: PUF, 1982.

SPAGGIARI, S. Considerazioni critiche ed esperienze di gestione sociale. *In*: BONDIOLI, A.; MANTOVANI, S. (a cura di). *Manuale critico dell' asilo nido*. Milan: Franco Angeli, 1984.

SPAGGIARI, S. La gestione sociale. *In*: EDWARDS, C.; GANDINI, L.; FORMAN, G. (sous la direction de). *The hundred languages of children*. Norwood, NJ: Abex, 2010.

STAMBAK, M.; BONICA, L.; BARRIERE, M.; MAISONNET, R.; MUSATTI, T.; RAYNA, S.; VERBA, M. *Les bébés entre eux*. Découvrir, inventer et jouer ensemble. Paris: PUF, 1983.

TADDEI, F. *Allocution au colloque de l'Unesco, Éducation et protection de la petite enfance, berceau de la cohésion sociale*. Paris: Unesco [en ligne], 2019.

THOMAS, J.; LEMOINE, M. La crèche: une porte vers l'imaginaire, *Le Furet*, n. 78, p. 21-22, 2015.

THOMAS, J.; LEMOINE, M.; JEGU, O. À la suite de Pistoia: expériences parisiennes. *In*: PIRARD, F.; RAYNA, S.; BROUGÈRE, G. (sous la direction de). *Voyages en petites enfances*: apprentissages et changements. Toulouse: érès, 2020.

TOBIN, J. (sous la direction de). *Preschool and im/migrants in five countries*. Bruxelles: Peter Lang, 2016.

URBAN, M.; VANDENBROECK, M.; PETEERS, J.; LAZZARI, A.; VAN LAERE, K. *CoRe final report*, 2011.

VANDENBROECK, M. *Éduquer nos enfants à la diversité*: sociale culturelle, ethnique, familiale. Toulouse: érès, 2005.

VANDENBROECK, M.; PETEERS, J. À la recherche des systèmes competentes. *Revue [Petite]Enfance,* n. 107, p. 79-86, 2012.

VANDENBROECK, M.; URBAN, M.; PETEERS, J. (sous la direction de). *Pathways to professionalism in early childhood education and care*. London: Routledge, 2016.

WAJSKOP, G. Atendimento à infância na França. *In*: ROSEMBERG, F.; CAMPOS, M. M. M. (org.). *Creches e pré-escolas no hemisfério Norte*. São Paulo: Cortez, 1994. p. 235-278. v. 1.

WAJSKOP, G. Linguagem oral e brincadeira letrada nas creches. *Educação & Realidade*, Porto Alegre, v. 42, n. 4, p. 1355-1374, dez. 2017. Disponível em: https://www.scielo. br/j/edreal/a/hrPNxLk3FxtkP9qxfsCT3dg/?lang=pt. Acesso em: 4 mar. 2024.

WAJSKOP, G. Pesquisa-ação colaborativa como estratégia de formação continuada em creches. *Estreiadiálogos*, v. 4, p. 31-53, 2019. Disponível em: https://www.estreiadialogos. com/n8. Acesso em: 4 mar. 2024.

WENGER, E. *Communities of practice*: learning, meaning, and identity. Cambridge: Cambridge University Press, 1988.

WINNICOTT, D. *Babies and their mothers*. Merloyd: U.S. Addison-Wesley, 1987.

Sobre as autoras

ANNA LIA GALARDINI foi diretora do departamento de serviço social, de 1972 a 2010, responsável pelas instituições de Educação Infantil de Pistoia. Atualmente preside a Associação Crescere.

ANTONIA MASTIO foi coordenadora pedagógica dos Centros Municipais de Educação Infantil em Pistoia e formadora na Associação Crescere, de 1997 a 2013.

DONATELLA GIOVANNINI foi coordenadora pedagógica dos Centros Municipais de Educação Infantil em Pistoia, de 1987 a 2019.

MARIA LAURA CONTINI foi diretora de Serviços Sociais em Pistoia de 2010 a 2012, em seguida foi coordenadora pedagógica dos Centros Municipais de Educação Infantil na mesma cidade até 2017 e, atualmente, é presidente do Comitê do Unicef na província de Pistoia.

SONIA IOZZELLI é formadora da Associação Crescere e dirigiu projetos pela promoção do direito à educação em Pistoia de 1973 a 1996. Em seguida, até 2010, Sonia foi membro da equipe de coordenadores pedagógicos das instituições municipais de Educação Infantil de Pistoia.

SYLVIE RAYNA é pesquisadora em ciências da educação, professora asso-ciada ao laboratório Experice — Université Sorbonne Paris Nord. É autora de várias publicações sobre a primeira infância, sobre o despertar cultural e artístico de crianças pequenas (leitura e museus em particular) e sobre continuidade e transições na primeira infância.

GISELA WAJSKOP (tradutora e revisora técnica) é pesquisadora em educação. É autora de várias publicações sobre a primeira infância e foi coordenadora de Educação Infantil do MEC no período de 1998 a 2000, tendo coordenado a elaboração do Referencial Curricular Nacional para a Educação Infantil (RCNEI). Criou e dirigiu o Instituto Singularidades de 2000 a 2010. Atualmente é diretora-geral da Escola do Bairro, que criou na Vila Mariana, em São Paulo, desde 2016.

CULTIVANDO A QUALIDADE EM Pistoia

Pistoia, uma pequena cidade da Toscana com um rico patrimônio histórico, cultural e artístico, cultiva a qualidade de suas creches como parte de uma abordagem integrada à primeira infância. Suas creches municipais, escolas maternais e *aree bambini* são "amáveis" e abertas, apoiadas há cinquenta anos por uma combinação de fortes escolhas políticas, coordenação pedagógica e pesquisa contínua. Todas são lindas, cada uma com sua própria identidade, suas paredes "falam"... As crianças desenvolvem seu potencial em um relacionamento próximo com os adultos e as famílias são participativas.

1. O Domo e o batistério no centro histórico.

2. O urso, símbolo da cidade, no Paço Municipal.

3. Afresco do antigo hospital de Pistoia.

4

5

6

4. Entrada da *Area Rossa*.

5. Corredor da *Area Gialla*.

6. *Hall* da *Area Verde*.

7. Percurso artístico de uma escola maternal ao Museu Marino Marini.

8. Desenvolver e torná-las visíveis as potencialidades de cada um na creche Lago Mago.

9

10

11

9. O urso de Andrea Rauch em frente à Secretaria de Educação.

10. A presença do urso no corredor do Serviço Educativo.

11. "A dama dos livros" na entrada da biblioteca Arcobaleno.

PistoIA

12. As almofadas em forma de coração na entrada da escola maternal La Filastrocca.

13. A professora Armanda Casseri mostra a cortina produzida e doada por uma mãe, contendo o ratinho Aníbal, mascote das crianças na escola maternal La Filastrocca.

14

15

con i legni, con le viti e i bulloni

i tubi,

Qui ci sono bambini
e adulti che cercano
il piacere di giocare,
lavorare, parlare,
pensare, inventare
insieme, in amicizia.

16

14. Vínculos afetuosos para observar e ouvir: as crianças pequenas e suas professoras, Gabri Magri e Franca Gualtieri, numa manhã na creche Lago Mago.

15. Crianças pequenas durante a sesta com a professora Franca Gori na creche Il Grillo.

16. Documentação pedagógica na Casa dos Ursos na *Area Rossa*.

17. O espaço da cachorrinha Pegghy na creche Lago Mago.

17

18

19

ESPAÇO E CULTURA MATERIAL

A beleza dos espaços, para que cada "habitante" das instituições se sinta bem ali, está no trabalho "artesanal" feito pelas equipes com as famílias, nos materiais diversos e "atraentes", que privilegiam a reciclagem e a natureza, e convidam a explorar, imaginar, construir e sonhar. Em todos os lugares, incluindo recepção e corredores, dormitórios, banheiros... E sempre em um espírito de escuta respeitosa.

18. Detalhe do "sofá para ler histórias" feito com os pais, no *hall* da creche Il Faro.

19. "A mesa de histórias" no *hall* da creche Il Faro apresentada pela professora Marta Grass.

20. Os "tesouros caseiros" numa turma da creche Lago Mago.

21. Material para brincar no corredor da creche Il Faro.

22

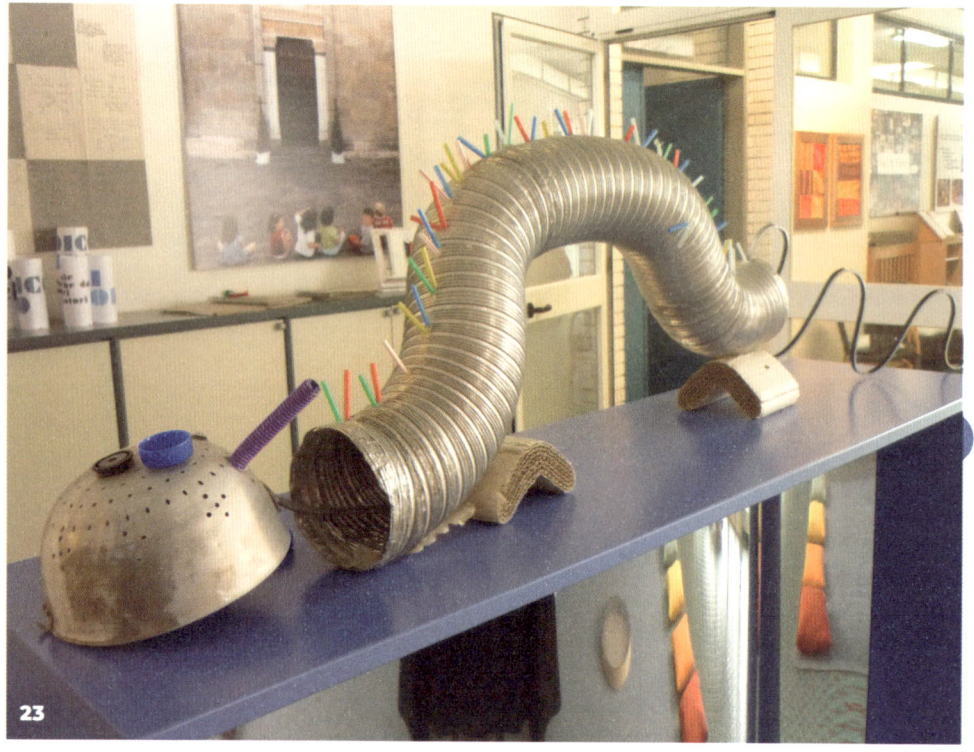

23

PiStoiA

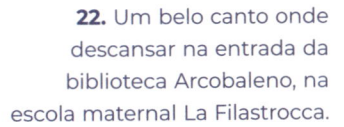

22. Um belo canto onde descansar na entrada da biblioteca Arcobaleno, na escola maternal La Filastrocca.

23. A "lagarta" feita na *Area Blu* e exposta no salão.

24. Os aconchegantes "ninhos" da turma dos "pequeninos" da creche Il Sole.

25. A rede da turma dos pequeninos na creche Lago Mago.

26. Os banheiros da Casa dos Ursos na *Area Rossa*.

27. O refeitório da turma dos pequeninos na escola maternal Parco Drago, a "mesa dos amigos".

28-29. Livros-imagens e personagens em diálogo na biblioteca da Casa dos Ursos na *Area Rossa*.

30. Livros-imagens e personagens em diálogo em uma turma da creche Il Grillo.

31

32

31. Exploração com a professora Gabri Magrini na creche Lago Magno.

32. Faz de conta na creche Lago Mago.

33. Um dos ambientes de brincadeira de faz de conta na Casa dos Ursos da *Area Gialla*.

34. Um grupo de crianças na mesa de luz da creche Lago Mago, com sua professora Natacha Turi.

33

34

35

35. Um dos ambientes para construir na creche Lago Mago.

36. A proximidade com os bebês da professora Rosa Niglio na creche Lago Mago.

37. Bem-estar e estética na creche Il Mulino.

38. Funcionalidade e beleza da biblioteca Arcobaleno na escola maternal La Filastrocca.

36

39

40

39-40. O espaço dos
bem pequenos:
um mundo de
doçura na *Area Blu*.

PISTOIA

41. Ateliê em processo na *Area Blu*.

42. Materiais múltiplos na *Area Blu*.

43. Percurso da Moda na *Area Blu*, com a professora Monica Scartabelli.

44

44-45. Festa com familiares no Jardim Voador.

46. Sucata trazida pelos familiares na escola maternal Parco Drago.

45

46

CONTINUIDADE DAS EXPERIÊNCIAS INFANTIS E PARTICIPAÇÃO DAS FAMÍLIAS

Pais e mães têm seu lugar de direito nas estruturas e nos eventos educacionais, na cidade e fora dela. Aliança educacional e solidariedade são as palavras-chave. Diversos dispositivos e ferramentas (*notebooks*, documentação afixada na parede) facilitam a comunicação com as famílias que contribuem para a organização dos ambientes internos e externos, assim como com a vida cotidiana das crianças na escola. A inclusão de crianças com deficiência e suas famílias é uma oportunidade para todos.

47. Pais consertam estufa da *Area Verde* após tempestade.

48. Uma documentação de parede que propicia a conversa das mães na Casa dos Ursos na *Area Rossa*.

49. O comitê de gestão na entrada da creche Lago Mago.

50. A professora Angela Mangoni apresenta o diário produzido por uma turma da escola maternal Il Grillo.

51. A professora Lorena Maestrini apresenta o diário produzido por uma turma da escola maternal Marino Marini.

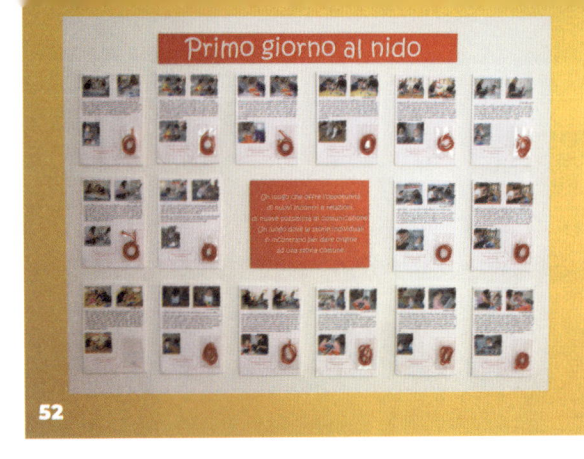

52

54

52. "Meu primerio dia na creche!":
documentação pedagógica na turma
dos pequenos na creche Il Grillo.

53. Os livros ilustrados de transição de turma
na biblioteca da sala na creche Il Grillo.

54. Uma das produções dos familiares
no jardim da creche Il Grillo.

53

O ACOLHIMENTO ÀS FAMÍLIAS ESTRANGEIRAS

Nos últimos anos, tem sido dada atenção especial ao acolhimento de famílias estrangeiras em nossas instituições educativas. A diversidade é um ativo importante para nós. Um programa de reuniões, acompanhado pelos coordenadores educacionais, oferece aos recém-chegados a oportunidade de conhecer a cidade.

55. Partindo suavemente da "janela do beijo" da creche Il Melograno.

56-57. Participação das mães estrangeiras na escola maternal Parco Drago.

58. Mães imigrantes visitando a biblioteca San Giorgio.

PISTOIA

A CRIANÇA DENTRO E FORA DA CIDADE

Os tesouros da cidade e da natureza circundante são fontes de maravilha e conhecimento, e permitem a organização de diversos percursos. "Pelas mãos", as crianças nos conduzem em suas descobertas. Elas contribuem para exposições em toda a cidade a partir de saídas em qualquer momento, independentemente do clima que faz lá fora.

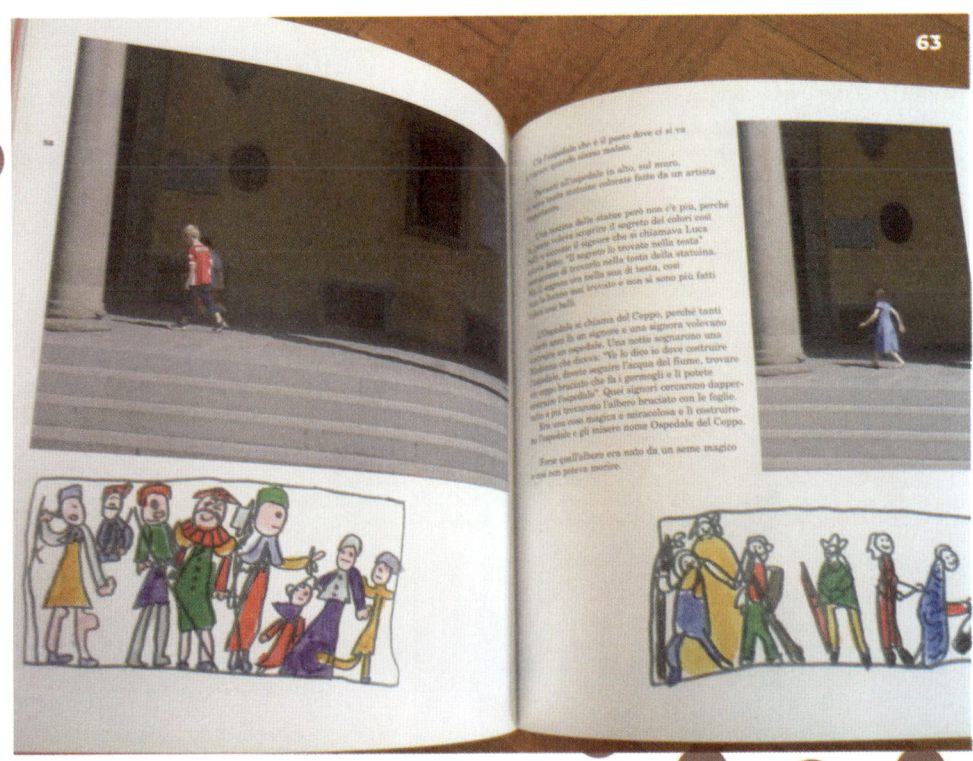

59. Observar os patos do lago Puccini defronte à creche Lago Mago.

60. Percursos de escolares numa ruela com Martina Melonu do Serviço Educativo.

61-62. Descobrindo o patrimônio histórico.

63. "Pelas mãos" na cidade.

64. Galochas e guarda-chuvas para brincar e explorar a qualquer momento.

65

66

65-66. O laboratório da *Area Verde* com o professor Vittorio Trinci.

67. "Pela mão" na natureza.

67

68-69. Dois equipamentos do Jardim Voador.

70. Brincar na Praça das Verduras e representá-la na vitrine de um restaurante.

Sono 3 statue un pò nere a forma di uomini che si chiama **Il Giro del Sole**.
Le 3 statue sembra che girano perchè il sole gira ma è il mondo che gira.
I 3 uomini sono vicini ma non in fila sono: uno **qui**, uno **qui** e uno **qui**.

Uno è verso dove il **sole** tramonta, uno è dove il sole sta crescendo, uno dove dice che è mezzogiorno...
... la cosa bella era se c'era l'uomo girato dietro per il sole, che non c'era più, perchè era **notte**.

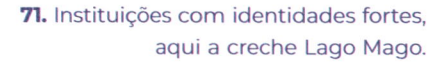

71. Instituições com identidades fortes, aqui a creche Lago Mago.

72. Uma revista de arte que dedica uma página às crianças pequenas a cada número.

73-74. Pistoia vista pelas crianças.

75. Histórias de pequenas e grandes aventuras cotidianas.

76. O "diário semanal" da turma à disposição das famílias numa estante, na creche Lago Mago.

Pistoia

A COORDENAÇÃO PEDAGÓGICA

A equipe de coordenação pedagógica apoia as equipes em seus próprios experimentos, auxilia os projetos conjuntos entre creches e escolas maternais e organiza a educação continuada com a ajuda de pesquisadores. Ela desenvolve colaborações com os parceiros e redes da cidade em nível local, regional e internacional.

75

76

77. "Maravilha", na creche Lago Mago.

78. A exploração do mundo na creche Il Grillo.